教行信証の哲学

武内義範

本書は、二〇〇二年一一月二五日、法藏館より刊行された。
本書の成り立ちについては、「文庫版解説」を参照のこと。

目次

教行信証の哲学

改訂版のために

本書が最初に雑誌『哲學研究』に掲載されたときからかぞえると、すでに二十五年の歳月が経過してしまった。はげしい時代の移り変わりの中で、私は信仰の上でも思想上の問題でも、この二十五年の間、劇的な転換というものを少しも経験しなかった。その間、わずかのものを、私は樹木が年輪を加えるような仕方で得たにすぎない。したがって今度新たにこの書を改版する際にも、少しの補正で——いわば下枝を切り落すことをしないでも——現在の私の考えを十分この書に定着することができると予想していた。けれども実際に手を加えてみると、そうではなかった。この書は私の若い時代の肖像のようなもので、今さらその額に皺を書き加えるような愚かなことをすべきでないと悟った。

ただカナ遣いを改めるとともに、文章に多少の訂正を加えることは是非とも必要であったし、また蛇足かもしれないが、若干の補註を収めることとした。本書にもし何らかの長所があるとすれば、それは私の若い心が『教行信証』に求めたものが記されている点であろう。

『教行信証』の哲学的研究は私の生涯の課題となるであろう。この書に約束している浄土真実の諸巻の研究を是非ともすみやかに完成して、私の宗教哲学の樹立に努力したい。

昭和四十年八月

序

幸いなことには、私はこれまで親鸞の信仰に生きている、一人の師と一人の友とに遇うことができた。この信仰のはかり難い尊さを、私に教えてくれたのは、この師と友との人格の輝きであった。『教行信証』が、欠くことのできぬ私の心の糧となったのも、この師友の感化に負うところが多い。

しかしながら、当時私は、多くの人のするごとく、この書のうちでもっとも印象の深い箇所を、そこここと感激にまかせて、拾い読みにして愛誦するという程度を出なかった。『教行信証』の全体を、統一ある体系として、組織的に理解することは、不可能なことのごとくに思われていたからである。それで私はこのような読み方に、多少の不安を絶えず感じつつも、その頃繙いた限りの註釈書が、それ以上の方法を教えていなかったので、しいてそこに哲学と宗教との相違を考えて、満足していようとしていた。

しかるにある日わが師田邊元先生は、『教行信証』が信仰と思索との美事に調和した、稀有の宗教哲学書であることを語られ、その思想の偉大さは、アウグスチヌスの三位一体論に比して、勝るとも決して劣ることのないものであると激賞せられた。そして日頃この書に親しんでいる私に、専心に『教行信証』の哲学的研究を行なうことを、すすめて下さった。私は『教行信証』が、かくも偉大なる哲学を蔵していることを喜ぶとともに、また今までそれに少しも気がつかなかった自分の迂闊さを、深く恥じ入った。

さて『教行信証』を新しく考え直していかねばならないことは、先生の御言葉によって今や十分明白となったが、それに一意精進するには、かなり躊躇逡巡せざるをえなかった。それは、私のごときものに、前人がいまだ十分に道を拓くことのできなかった、この哲学的解明の仕事が、果して成し遂げうるであろうか、という疑いがあったからである。

しかし心をこらして『教行信証』を読んでいくうちに、やがてかかる躊躇も逡巡も、もはや無用となってきた。私は私なりに、この書の奥から呼びかけてくるある声を聴くことができた。本書は私のためらいがちな、不明瞭な、声の低い最初の応答にすぎない。信も薄く、学も浅い著者は、多くの誤謬を犯したことであろう。

しかしながら、もしも本書が、『教行信証』の哲学に対する読者の関心を、少しでも喚起することができたとすれば、著者の喜びはこれにすぎるものはない。『教行信証』の哲学は、単に従来の真宗学の深化発展の意義を有するばかりではない。それはまた日本（宗教）精神史の一つの最高峰であるこの『教行信証』を、東西両思想の綜合を意図する日本哲学の現段階から、その重大な使命と固く結びつけられた仕方で、解明していくことを意味する。したがって親鸞の教えを信ずる人はいうにおよばず、現代わが国において思索する限りのすべての人に、切実な問題を提供しうるものと、私は確信している。読者各位が自己の心を秘鑰として、われわれに遣わされた、この大宝蔵に立ち入られ、用いて尽きることのないかずかずの財宝を獲得せられることを、著者は願って止まない。

本書が成立するまで、私はしばしば多くの疑問の箇所を田邊先生に御相談申し上げ、先生の御教示を仰いだ。先生の深遠な御思索を十分に理解することは、愚かな著者には不可能であったが、それでも顧みれば、転輪王の行《みゆき》にしたがう劣夫の譬えを、思い出さずにはいられないものがある。

私はまたここに、西谷啓治・下村寅太郎・高山岩男先生の日頃の御教導と御厚情とに感謝したい。ことに高山先生には、しばしば御懇切な御教示を賜った上に、また種々の方面で、私の研究を助けていただいた。

昭和十六年九月

著　者

凡例

一　丁数は、明暦刻西本願寺蔵版本によった。算用数字は中井玄道氏校訂『教行信証』の頁数を示す。

一　教とか、行とかと断っていないものは、ことごとく、「顕浄土方便化身土文類六」（本）の丁数である。「化身土文類六」（末）を示すときには、ただ末とのみ記して、丁数を示した。

一　その他の親鸞の述作からの引用文は、おおむね煩わしく引用の場所を指摘しなかった。

第一章　『教行信証』への通路

第一節　『教行信証』における方便化身土巻の位置

『教行信証』は、いうまでもなく親鸞の主著である。元仁元年（一二二四）、親鸞五十二歳の頃、坂東稲田の草庵でこの書を製作したと伝えられている。しかし史料としてもっとも信用のおける存覚の『六要鈔』には、「この書が出来上がると、いくばくもなくして親鸞は没した。この書に少しく間違いのあるのは、未だ再治に及ばずして、彼が没したためである」と記されている。そこで『教行信証』晩年製作説が、学者の間で有力な一説として、今日まで論議せられてきた。けれども元仁元年製作説にも、有力な根拠が存在する。それはこの書の終わりの方で親鸞自身が（仏滅からそのときまでの年数を計算するに際し）この年号を記入しているからである。

現代多くの学者の承認する次のごとき説が、おそらくもっとも穏当なものであろう。すなわち『教行信証』は、大体この年くらいに一応成立した、そうしてその後もっとも多く見積れば彼が満九十歳で没するまで、約四十年間、推敲に推敲が重ねられ、彼の思想の円熟するにつれて、幾度となく意に満たなくなった部分が書き改められた、今日われわれの見る『教行信証』は、このような長年月の辛苦修正を経てでき上がったものである、と。

以上のことは、現存する親鸞真筆の『教行信証』（坂東本）からもほぼ実証することができる。そうして、長い年月の間に、修正が徹底的に行なわれたらしいことを考えると、いわゆる初稿本の成立年代は、従来一般に考えられたほど、重大な意義をもつものとは言えなくなってくる。現行本から見れば、初稿本の成立した元仁元年は、単にこの書の準備期の一段階を示すにすぎないこととなるのであろうから。そしてこの書の準備は当然この年よりもさらに先の時代から始められていたはずであって、この年号がたまたまこの書の終わりの方に記入せられていたことが、その準備時代のいかに長かったかを、印象的に物語ることとなったのである。（補註1）

親鸞は晩年に至っても、衰えない気力を保っていた。彼の十八種の力作は、その大部分が八十三歳から八十八歳の間に製作せられた。「すでに目も見えなくなった」と彼は、その頃の消息のうちで語っているが、このような衰残の身にも、なお烈々と信楽の炬火が燃え続けていたことを、これらの述作の調子の高い文章が、もっともよく示している。このような絶倫の気力と熱情とが、『教行信証』には幾十年間も集注せられていたのである。『教行信証』が読者に与える深い感銘は、この書が文字どおり畢生の労作であったことに基づくところが多い。それとともにこの書が彼の生涯の記録であるという点も、見逃してはならない。親鸞は彼の他のいかなる述作においてよりも、もっとも多くこの書のうちで自己の信仰生活について語っている。彼は随所で赤裸々の自己を、読者の前に投げ出して語る。人間親鸞に、読者をじかに触れさせるこの書の懺悔録的な性格が、この書に十分な理解の及ばぬ人々にも、従来大きな力を及ぼしてきた。しかし言うまでもなく『教行信証』の本質は、おそらく、かつて何人も到達しなかったであろうもっとも深邃な宗教的自覚に対して、周到な透徹する論理的省察を行なっている点にある。本書の目的は、この彼の「信楽」の論理を、彼の信仰生活に即しながら、その生成の過程において理解することである。

「浄土真実」と「方便化身土」

さて『教行信証』は、顕浄土真実教文類一、顕浄土真実行文類二、顕浄土真実信文類三、顕浄土真実証文類四、顕浄土真仏土文類五、顕浄土方便化身土文類六の六巻から成り立っている。これらの部分の内容とその相互の関係を明らかにすることが、『教行信証』の組織構造を哲学的に解明しようとするわれわれの課題の全体である。私は本書においては、この全課題への最初の手掛かりとなる、最後の「顕浄土方便化身土巻」の組織構造を明らかにしてみたい。

ところで、全体と部分とが円融相即し、生きた統一を保っている思想を解明する場合には、つねに困難な循環が生じる。それは、この思想の全体はそれの構成部分を通じてのみ解明せられていくのに、その構造部分がかえってまたこの全体をまって初めて理解が可能となるということである。『教行信証』の解明の場合にも、われわれはこの循環を避けることができない。そこで全体の結論を先取して見通しをつけ、顕浄土方便化身土巻の『教行信証』全体に対する位置を明瞭にして、われわれの研究の端緒としよう。六巻の標題を一見しただけで、この書が顕浄土真実――教・行・信・証・真仏土――文類と、顕浄土方便化身土文類との二大部門に分けることができることは、容易に納得せられる。金子大栄師に倣って、われわれはこの二大部門を簡単に「浄土真実」と「方便化身土」と呼ぶこととしよう。

この二つの部門の内容とその相互の関係とについては、私はヘーゲルの「論理学」と「精神現象学」との関係に相応するところがあると考えている。ヘーゲルの精神現象学は、論理学の前段階であり、予備学であると説かれている。しかしながら両者はまた表裏の関係であって、相互に補足し合って初めて具体的な意義を獲得するものである。『教行信証』においても同様のことが成立する。方便化身土は浄土真実へ到達するための方便、すなわち予備的前段階である。宗乗学者はこのことを「暫用還廃」すると言っている。けれども両者はまた表裏相即し相互に映じ合って初めて深い意義を発露することができる。そしてこのことは親鸞の場合、「化身土巻」の構造からも[1]、また後に明らかにするように、彼が方便と真実とを結合する時に用いた深遠でしかも簡潔な「今」の概念からも[2]、ヘーゲルの場合よりはいっそう明瞭に理解することができると思う。

ヘーゲルの論理学は、仏教の哲理のうちでこれと対応するものを求めると、華厳の十玄縁起の法界観を想起すべきであると言われる。ヘーゲルの論理学についてはここで立ち入って論ずることはできないが、要するに主観客観の対立を止揚した絶対知の真理を、永遠の相において展開したものである。「論理学の内容は、自然および有限精神創造以前の、永遠な本質の中にある神の叙述である」というヘーゲルの語は、あまりにも有名である。

ところで全く同様なことを華厳哲学も、その独自の性起という概念を用いて、言いあらわしている。われわれはまた、ヘーゲルの絶対知の概念に、華厳哲学の一心を、真理の概念には、同じ真理とか真実とかの用語をあてはめて理解しても大過はないであろう。ヘーゲルの論理学も、華厳の十玄縁起も、ともに一即一切・一切即一の相即相入の理が、重々無尽に展開せられることであるから。

さて親鸞の「浄土真実」の立場と、そこに展開される教・行・信・証の範疇は、すでに空華派の宗乗学者たちが試みたように、華厳哲学の重々無尽の論理によって、初めて、適切に説明せられるところがある。善譲が、

下所明ノ教行信証ハ、ソノ体唯一句ノ名号、教ヤ、行ヤ、信ヤ、証ヤミナ名号ナラザルナシ。一分モ名号ニソムヒテアレバ真実ノ教行信証トハ申サレヌ。一々ニ真実ノ言ヲ蒙ムルハ、四法全シテ南無阿弥陀仏ナル由ナリ。……元ト名号ノハタラキ出タ処ノ教ユヘニ、ソノ教即教行不二ナルモノ、コレガ教ニツイテ行ノ出ル訳ナリ。コノ教行不二ト云フコト宗意ノ深ク心得ベキ処ナリ……タダ教行不二ナルノミデナヒ、弘願ノ上ノ行信証果、ミナコレ無碍ニハタラキアヒ、ドレデモ一ツヲ挙レバ余ハミナ具ス。

（『文類聚鈔聞書』）

と教え、能所（主客）不二の範疇の重々無尽の相を解明しようとするのは、その一例である。「浄土真実」の教・行・信・証の展開が「信楽の論理」として、ヘーゲルの論理学を

いっそう具体化した実存的論理の性格をもつことについては、他日あらためて詳述したい。

この法界の論理に対して、精神現象学は、同じく華厳の例をとれば、『華厳経』の入法界品や十地品に相応すると言うことができる。周知のごとくヘーゲルの精神現象学は、意識のもっとも直接的な感覚的確実性から始めて、宗教・絶対知に到達するまでの、意識自身が体験する矛盾とその超克の全向上過程を叙述し、その弁証法的必然性を明らかにしようとしたものである。この現象学的精神の自己教養があくまで、意識自身によって行ぜられていく経験であるという点では、善財童子の求道を説く入法界品が精神現象学に近い。しかしながら入法界品は一つの物語であって、求道の一々の段階の類型的な普遍性も、また求道の過程のもつ必然性も、顕わにされていない。菩薩が仏の職位を得るまでの十段階を教えた十地品が、この点においては精神現象学に近い。けれども十地品は、宗教的精神の現象形態の類型的段階的叙述にとどまってしまっていて、入法界品のように自己自身の自覚的な向上過程であるとは言えない。入法界品と十地品とは『華厳経』の最古の部分であり相依り相資けて具体的な意義をもちうると言われる（宇井伯壽『印度哲学史』二八三頁参照）。しかし、この十地品・入法界品の相依相資は、いまだ方法論的な自覚的統一に到達していない。ヘーゲルの精神現象学の方法は、この意義において、一段と思索の具体性を得ているものと言えよう。

親鸞の「方便化身土巻」は、この方法的な自覚に到達している点で、著しく精神現象学に相似している。もっともここで問題とされているのは、精神現象学のような広い範囲の意識の諸形態ではない。また入法界品のような遠大な構想をもってはいない。僅かに宗教的精神の三つの類型的現象形態を取り扱っているにすぎない。しかしこの三形態は、一方では弥陀の四十八願の中の第十九願・第二十願・第十八願に相応するのであるから、これらの願に誓われている「十方衆生」に妥当する類型的な普遍性をもつこととなり、他方また親鸞自身の体験の経歴としては、どこまでも自己自身の問題、親鸞の言葉を用いると、彼の自督である[3]。ゆえに上述の二契機、すなわち類型的一般性と、自己自らの自覚的向上（自督）との二つを含むと言ってよい。そしてこの二つが精神現象学的な方法で展開せられていく。

三願転入

この方法は、ヘーゲルによれば意識の直接的な段階から始められる。この意識は直接的に自己の真理性を確信している。しかし具体的な真理は主体と客体との一致であるから、確信は体験によって証せられねばならない。ゆえに意識は、現実において確信の真理性を検討し、確信と事実とを一致させようと行動実験する。しかしその結果は期待とは反対に、意識の確信していた真理の誤謬が指摘されることとなる。しかもこの誤謬は確信せられた真理と現実の事実との間に若干の誤差があったからではなく、真理そのものに内在的な自己矛盾が現実によって顕わにされてきたものにほかならないことが同時に明らかとなる。この自己矛盾に撞著し、真理の充実を目指していた意識は絶望に投ぜられる。けれども意識は、この絶望をも自覚的に堪え、絶望を通じて、かえって精神の新しい段階へ飛躍し、先の段階における矛盾を止揚する。しかしこの矛盾を止揚した新しい精神段階の真理も、さらにまた確信としては現実と対立する。こうして新しい確信が意識を新しい矛盾へと駆り立てていく。このように、つねに主観・客観の対立によって、確信された真理のうちに矛盾が生起し、直接的な真理の確信は絶えず打ち砕かれる。が、意識はその都度自己矛盾を自覚的に堪え、自己否定によって自己を超越し、超越によってつねに新しく強く（真実には初めて）自己となりつつ、主客の円融相即する最後の立場、確信と己証との一致する最後の真理にまで、自己超克の歩みを続ける。

さてこの超越によって意識が到達する真理とは、自己が人倫態の中にあり、「人倫の基体が即自己の主体である」ことの充実した自覚にほかならない。ところで人倫は歴史的に動いていくものであり、自己が超越によって現実の人倫の中に真実に自己を見出してみれば、自己は最初から人倫の中に生まれ、人倫の歴史的発展に応じて自己を自己超越せしめつつあったことが明らかとなる。したがって、自己超克の過程はそれが具体的なればなるほど、歴史的類型的な普遍性を獲得していく。それは形式的抽象的な一般性ではなく現実の歴史の豊かさによって彩色された類型である。単純な形式的一般性は、精神現象学の最初の直接的な段階である感覚的確実性においてすでに得られている。ヘーゲルが「このもの」について巧みに示したように、もっとも特殊的なものがそのまま形式的にはもっとも一般的なものである。意識が自己超克によってこの直接性と特殊性を蟬脱するにつれて、意識は次第に自己となり個性を帯びてくる。そしてこの個性的自己を包む類として歴史的な類型的な普遍性が同時に明らかにされてくる。

親鸞の場合には、この方法は方法としては論じられていない。しかし全く同様のことが言われる。親鸞は宗教的精神としては、まず直接的な段階から出ていく。そしてこの第一の段階においては、種々の直接的に選ばれた特殊な観想道徳の行為が形式的な一般性（後に明らかにするが一種の誠実さの観念）によって結合している。しかし上述の自己超越の過程をたどって宗教的精神が具体的な段階となるにつれて、精神は次第に歴史性を問題とし、現実を問題とする。さきに述べた三願はこの自己超克の過程の端初と中間と最後の一際高い峰に相当する。われわれは第一を倫理的観想的段階、第二を内在的宗教の段階、第三を歴史的超越的宗教の段階と言ってもよいと思う。さてこの三つの峰は、おのおの、自己の中にいくつかの峰を含み、また三つの峰の間には、多くの省略された起伏がある。親鸞は「化身土巻」で取り扱われる精神の現象形態が現実には千差万別であることを認めながら（真仏土三一右 404）、ここではただ三願の形態を考察しているのであるから、これらの精神形態も、また三願転入[4]と呼ばれるそれらの経歴の仕方も、理想類型であることは明らかである。とにかく三願転入が以上のような意味において精神現象学的方法をもつ以上、その弁証法的性格が早くから「三願転入の論理」として指示されてきたのも当然と言わねばならない。

ヘーゲルの精神現象学と同様に、親鸞の三願転入が歴史的世界と密接な関係をもつことは、以上の事柄から明らかに推察せられる。事実三願転入は正像末の歴史観から切り離して考えることはできない。「方便化身土巻」は本末の両巻に分かれているが、本巻はこの二つの詳述に尽きている（これに対して末巻は、本巻の附録のようなものであって三願転入の原理から迷信邪教の問題を裁いたものである。ゆえに問題の中心は本巻に尽きている）。われわれは三願転入と正像末史観との関係を十分注意深く考察する必要がある。一見すると正像末の史観は、三願転入が述べられた後に、これと並べて説かれているようにも見える（三二右―四五右 473―500）。しかし詳細に考察すると正像末の史観はすでに三願転入の叙述のうちで第十九願から第二十願へ転入する際に、聖道門浄土門の対決と関連して一度触れられたものであり（一四左―一六左　436、440―441）、後の詳述の場合でもまた聖道浄土の問題に因んで提出されている。ゆえにこの詳細の記述は重要な箇所で、親鸞がしばしば用いる、重釈ないし追釈の一つであると考えることができる。この形式から考えれば、正像末の史観は精神の自覚が深まっていくことによって、ようやく歴史の問題を提出してきたものとして、歴史の問題をも、自覚の深化、具体化の段階の中において問題として構成し解明していくごとくである。

しかし親鸞の重釈の形式は、つねにそれ以前に述べた全体を、根拠からもう一度新しく解明し直していくことを特色としている。このことは行・信の重要な重釈を明らかにする他の機会に、詳説することとしたい。今この結論を先取することが許されるならば、三願転入に対して正像末の史観こそ、かえってその超越的根拠であって、超越的に存在する正像末の歴史的時間によって、逆にこの転入の自督の時間性も成立することとなる。中井玄道氏が三願転入の部分を正釈とし、正像末の史観の部分を因論として科段を分かたれたのも、後者が前者の前提ないし根拠となることを示されたものであろう。

正像末の歴史的時間と、三願転入の自督的時間との間に成立するこの二つの方向の逆な関係は、両者が交互媒介的な循環を構成していることを暗示している。が、実際具体的にこの関係が、親鸞の思索で、いかに考えられていたのであるか。われわれはこの問題を少しく突き詰めて考えてみたい。と言うのは、この問題は、以上のような述作の形式の問題を離れても、非常に重大な意味をもつと思われるから。教・行・信・証という範疇が、正像末の史観から構成せられたものであることは、多くの宗乗学者の指摘するところである。それならば、『教行信証』の論理的展開の前段階である三願転入は、正像末の史観と必然的な関係をもたねばならない。ゆえに三願転入をその意識形態において立ち入って考察するに先立って、われわれはまず三願転入と正像末の史観との関係を概略考察する必要がある。

以上、われわれは「方便化身土巻」の問題が精神現象学とその構造の上で、類似していることを明らかにした。もちろんこの相似の傍らに、重要な相違のあることを見逃すことはできない。例えば正像末の史観は、ヘーゲルの歴史観が、文化の発達とともに進歩する自由の意識を基調とした極めて合理主義的楽観的な史観であるのに対して、一言で言えば終末的であり暗い悲観的なものである。したがって三願転入にしても、過去の理想の状態(正法の時代)から一直線に奈落へ堕ちていくこの史観に裏付けられて、転入の自己超越の道は、単に意識に内在的な可能態から現実態への推移という(ヘーゲルの場合になお存していた)目的論的同一性の立場を完全に止揚している。何となれば、終末的な世界観は、なお内在的な同一性を完全に離脱していない精神を、彼が超越によって自己をその中に見出した世界とともに、さらに再び滅びの前に立たしめるからである。そして、この世界の底にある根源的な否定によって浄化せられることによって、精神は初めて絶対他者としての真に超越的他者に自己を面接させるからである。さきに述べた三段階のうち、第二の段階は自己を自己の深底へと超越させる時間性への超越であり、第三の段階は汝として自己が「対面」する絶対の他者への（空間性への）超越である。親鸞はこの超越の二面を分類して「出」と「超」とであらわしている。

その他、種々の点で、精神現象学と三願転入との相違は発見せられるであろう。ただ、論理学と精神現象学とを交互に媒介し、あるいは両者とエンチクロペディとの三位同一性を考えようとするようなヘーゲル風の思考は、仏教の論理の中では随所にあらわれているものであって（例えば天台の空仮中の絶対媒介のごとく）、それほど奇異の現象ではない。(補註2) われわれがヘーゲルの『精神現象学』を特に取り出してくる理由は、われわれが哲学的に三願転入を問題とする場合に、その徹底した思索がもっとも典型的であり、西洋哲学の概念を使用して解明していくのに好都合だからである。

第二節　方便化身土巻成立の由来

われわれは「方便化身土巻」がヘーゲルの精神現象学と相応する点を少しく述べた。もともと結論を先取しただけのことであって、われわれの仮定が正しかったか否かは、「方便化身土巻」の考察を了えた後に、あるいはさらにこれと表裏相即し、交互媒介の関係をもつ「浄土真実」の立場の（ヘーゲルの論理学をいっそう具体化し実存化した）信楽の論理の性格を明らかにした後に、初めて決定されるであろう。しかし上述の仮定はただちに行きすぎた解釈であるとの印象を喚び起こしはしないだろうか。人は、われわれが現在から、具体的な論理であると思惟する一つの哲学的立場を『教行信証』に投入し、外から親鸞に疎遠なものを押しつけると非難するかもしれない。(補註3) われわれはどこまでも『教行信証』に随順しつつ、以上の結論に到達することに努力しよう。しかしながらそれとともにわれわれは、親鸞がこのような思考の具体性を獲得した歴史的な事情を、ほぼ、明らかにすることができる。そしてこのことを述べれば、上述の結論を側面から支持することができるのではないだろうか。いくぶん史実に関係する第二節の叙述を、この目的のために挿入することにする。

『教行信証』については古来、明恵（高弁）の『摧邪輪』が法然の『選択集』を弾劾したのに対し、師の法然を弁護するために書かれたとする一説がある。

香月院深励は『教行信証講義』に恵空をこの説の古いものとしてあげている。もっとも深励は『摧邪輪』が『教行信証』に影響していることは十分認めるが、『教行信証』が『摧邪輪』の弁明のために書かれたとすることには反対である。その理由は『教行信証』ほどの「古今独歩の書」が、『摧邪輪』にのみ向けて述作せられたとすれば、「牛刀をもって鶏口を割く」の感があるというのである。事実宗乗学者のわが仏尊しとする狭量を除いても、歴史の判決が衰えるものと栄えるものとをきっぱりと区別した後代から考えれば、法然の『選択集』、親鸞の『教行信証』と、明恵の『摧邪輪』が比肩するものとは思考しがたいであろう。しかし仏教史を繙けば、明恵のその時代に対する重要な位置は極めて明瞭である。明恵（一一七三―一二三二）は法然（一一三三―一二一二）より四十歳若く、親鸞（一一七三―一二六二）とは同年に生まれている。法然・親鸞・道元等が新興仏教の代表者であるのに対し、明恵やその友貞慶は旧仏教再興の代表者である。この二人の弥勒浄土の願生者は、ともに深い学識と烈しい宗教的熱情を傾けて新興の浄土門を非難した。法相学に不朽の名を残している貞慶は、「興福寺奏状」の起草者であると伝えられている。明恵は華厳宗におけるわが国屈指の大学僧であり、またその人格は、「わが国第一の清僧」とさえ称揚する人もある。

明恵は法然の没年『選択集』を読み、この書が仏教の大精神に反することを慨歎し、世の迷妄をその根源から除去しようと決心した。『摧邪輪』は、さらにその翌年にその補註として書かれた『摧邪輪荘厳記』と併せて、全部で十六の『選択集』の過失を指示している。しかしこれらの十六の過失のうち、重大なものは結局次の二つであると自ら言っている。

一、菩提心を撥去するの過失。

二、聖道門をもつて群賊に譬ふるの過失。

第一の「菩提心を撥去するの過失」には先の十六のうちで、⑴菩提心をもつて往生極楽の行となさざるの過、⑵弥陀本願の中菩提心無しといふの過、⑶菩提心をもつて有上小利となすの過、⑷双巻経に菩提心を説かずといひ、並びに、弥陀一教止住のとき菩提心無しといふの過、⑸菩提心は念仏を抑ふといふの過、の五つが含まれている。この菩提心を撥去することとは、法然が念仏以外のすべての道徳・観想を捨て、仏教の通規である菩提心をさえ否定してしまったことを非難するものであって、このことは聖道門はもとより、浄土の三部経の聖言とも違い、法然が尊ぶ浄土門の宗師たちにもそむく法然の独断であると言うのである。

第二の「聖道門をもつて群賊に譬ふるの過失」は、善導の二河白道の譬えのうちに、念仏を障碍する異学異見の者を群賊に譬えてあるが、法然がこれを聖道門の全体に解したことを非難するものである。

二河白道の譬えは、信仰の含む決断と葛藤との契機を明らかに教えるものとして興味深いものがある。親鸞は『愚禿鈔』と『教行信証』の信巻とに、この譬えを綿密に考察している。われわれも詳細の説明は信巻の解明にゆずらねばならない。今概略を述べると、無人空迥の沢にさまよい出た「単独」の旅人が、貪愛と瞋憎の水火の二河に行く手をさえぎられる。この二河の中間に四五寸の白道（念仏道）があって、此岸（娑婆世界）から彼岸（極楽世界）に通じているが、道は細く、火と水とがつねに、交互に道を滲している。しかも後方からは群賊悪獣が漸々に逼ってくる。群賊はこの旅人がかつて遭遇した悪知識を、悪獣は感性的な惑乱を譬えている。旅人は「当時の惶怖復言ふべからず。即ち自ら思念すらく、『われ今廻るともまた死なん、住まるともまた死なん、去るともまた死なん。一種として死を免れずば我むしろこの道をたづねて前に向うて去かん。既にこの道有り必ず渡るべし』」、この念を為して決断して進む。そのとき、彼岸と此岸に声が聞えてきて白道の行人を励ましその道を保証する。これは弥陀と釈尊が譬えられているのである。行人は二尊の勅命を信順して、「即ち自ら身心を正当にして決定して道をたづねて直ちに進んで疑怯退の心を生ぜず。或は行くこと一分二分するに東の岸の群賊等喚んで言はく、『仁者廻り来れ。この道嶮悪にして過るを得じ。必ず死なんこと疑はず。我等すべて悪心ありて相向ふこと無し』。此人喚ぶ声を聞くといへどもまた回顧せず。一心に直ちに進んで道を念ふて行くに、須臾に即ち（彼）岸に到りて永く諸難を離る。善友相見て慶楽已むこと無し」というのがこの大要である。

この「群賊喚び回す」を善導は「別解別行悪見の人等妄りに見解を説いて相惑乱し、及び自ら罪を造つて退失するに譬ふる也」と教えた（善導『観経散善義』巻四）。法然はこの言葉をさらに註して「この中に一切の別解別行異学異見等といふは、是聖道門の解行学見を指す也」（『選択集』七七左―八右）とした。そこで一切の聖道門の人々が群賊に譬えられたこととなる。これは聖道門に対する甚だしい侮辱である。別解別行等は、一般に悪知識を指すとなすべきであって、法然のごとくに聖道門全体となすべきではない、と明恵は非難する。

明恵の批判は一般にその態度が感情的ではあるにせよ、至極、純粋無雑であり、論証もまた博く深く鋭くかつ正しいものと考えられる。法然門下に及ぼした『摧邪輪』の影響は今日では知ることができないが、門人のこの書に答えたものに、信寂の『慧命義』、証大の『扶選択論』、『護源報恩論』があったと伝えられる。いずれも今日は存しない。証大の著作は天台の教学を背景として論陣を張ったもので善導の精神を遠くはなれているというから、おそらく明恵と太刀打ちのできるものではなかったであろう。とにかく、法然門下の高足たちが一様に沈黙して、例えば親鸞の崇敬していた隆寛のような人も、天台宗からの批判には答えながら、このいっそう重大な難詰に対して口を噤んでいたことを考えれば、影響は相当深刻なものであったと想像される。ことに第一の菩提心の問題は、「興福寺奏状」等の種々の弾劾にも問題とされていて、法然門下の諸行非本願説、諸行本願説、一類往生説、二類往生説の論争にも影響していると考えることもできよう。事情が以上のとおりであったとすれば、親鸞がこれらの異論とその根源にある『摧邪輪』に目をつけて、この書述作の根本的な動機を得たとしてもあえて怪しむに足りない。

親鸞はいわゆる世捨人ではなかった。一念多念の時代の問題に対する彼の態度や、中国本国で出版せられて間もない『楽邦文類』への関心等がこのことを物語っている。時代の問題は、自己の信仰体験から批判せられた。そしてこの批判を通じて体験もまたいっそう自覚的論理的な様相を具してきた。そしてこのことはわれわれの推定がもし正しければ、自己の体験である三願転入を仏教史観と相即的に考察するほど明確な歴史意識をもった親鸞にとっては、当然のことでなければならない。真の具体的な信仰は現実の課題を解く力でなければならない。明恵の問題も、また、この歴史的現実への同様の態度から研鑽されたものであろう。

『教行信証』の最後の数丁に語られている、師法然とともに受けねばならなかった法難や『選択集』の付嘱の思い出は、『教行信証』を信順と疑謗の渦の中に送り、誹謗者をも信順者をもともに摂取し救済しようという決意と結びつき、この書のもっとも感激的な信楽の吐露となっているが、われわれはそこにも上述の製作の動機を推察することができるのではないだろうか。

『教行信証』を『摧邪輪』と対比すると、後者の前者に対する関係は深励の考えたごとくところどころに散見せられるものではなく、実に全体にわたる根本的な基調をなしている。そのことはことに「化身土巻」に著しい。「化身土巻」の三願転入と正像末の史観は第一、第二の過失に対応するものである。三願転入は第十九願、第二十願、第十八願に相応する宗教的精神の形態に発展転入の関係を認めることであることはすでに述べた。ところで後に詳述するごとく最初の第十九願にのみ発菩提心の一句があって他の願には存在しない。親鸞は、明恵の発菩提心がいかにして止揚され転入されて、第十八願の境地に移っていくかを明らかにすることによって、明恵の第一の論難に答えようとしたのではあるまいか。明恵の主張する菩提心は親鸞から見れば、一種の観念論であり、道徳至上主義である。それはいまだ自己の現実に触れていない、自己の根源的な罪悪性を感受していない人の理想主義である。深く自己の現実に触れず単に当為として客観的に掲げられれば、明恵の主張には一分の隙もない。しかしこのような抽象的な当為が現実に対して無力であることは、明恵自身がヘーゲルの「不幸なる意識」そのままの矛盾に陥り、自己が現在において仏法の体現者であるよりは、釈尊に対する想像もできないような烈しい思慕に生き、また遠くインドに渡って聖地を巡礼し、心の渇きを医そうとしたことでも知ることができる。親鸞が『正像末和讃』に「自力聖道の菩提心　こころもことばもおよばれず　常没流転の凡愚は　いかでか発起せしむべき」と和讃し、またおそらく遠い未来に仏果——理想の現実——を求める弥勒浄土の願生者を批評して「五十六億七千万　弥勒菩薩はとしをへんまことの信行うるひとは　このたびさとりをひらくべし」と和讃した時、彼は明恵を考えていたのではないだろうか。

明恵は建仁三年（一二〇三）と元久二年（一二〇五）に二度渡天の計画を立てている。その目的は、

ただただ深く頼もしく思ひ候ことは、常在霊山の文に思ひをかけて、天竺なんどに向ひて寿をも捨ばやと思ひ候。（『神護寺文書』）

もし聖教修学の勤めにその煩ひあり、瑜伽観念の行障あらん時は西天の処々の遺跡、これ滅後の所帰なり。……印度遥に隔たるといふとも、行かば必ず至らん。その路険阻なりといへども、死をもて期とせば、更にその恐あるべからず。必ず西天に向ひて歩を運び、遺跡を訪ねて志を励むべし。（『施無畏寺文書』）

印度は仏生国なり。恋慕の情抑へ難きによつて意を遊ばしめむが為に、此を計る。哀々まいらばや。（『高山寺文書』）

というのである（圭室諦成『日本仏教史概説』参照）。釈尊に対する思慕については種々の逸話がある。

『摧邪輪』『摧邪論荘厳記』の時代は、明恵にとっても、彼の思想の過渡期であったと言われる（島地大等『日本仏教教学史』三五三頁）。法然を批判することによって、明恵は深い浄土教

的な感化を受けた。華厳哲学を実践的宗教とするために、彼が種々の儀礼（講式）を作ったのも、この影響に負うところが多い。「南無三宝菩提心、現当二世所願満足」「南無三宝、後世たすけさせ給へ」（『三時三宝礼釈』）等の儀礼は全く浄土教的である。しかし、明恵は一つの講式に終始することができず、種々の講式を作り、止観等と雑えて行なっていた。「明恵上人諸尊の法を修する事、師いはく、この上人一尊の法を限らずかの尊この尊を打替打替行じ給ひけり、門弟疑をなす。上人いはく各本習に称ひて円乗に入る。本習不同なれば円乗一にあらず云々。何尊にてか三昧現前すらん。故に衆多本尊を行ずる也」（『渓嵐拾葉集』）。圭室諦成氏はこの文を引用した後に「つまり暫くも同一の信仰にとどまりえなかったというのである。ここに彼の時代焦躁をみ、時代的苦悶をみる事ができると思う」（『日本仏教論』一三三頁）と結論されている。ヘーゲルの「不幸なる意識」は「主と奴」の弁証法的転換を基とするものであった。明恵がわが国における同様の「主と奴」の時代の時代精神であることを想起するとき、われわれは深い興味をこの人の思想と生活とに感ぜざるをえない。

上述のごとく明恵の第一の論難に対する親鸞の法然弁護のための解答は、人間の根源悪の事実を指摘することによって成立した。第二の論難に対する解答も、結局同じ根源悪の事実に関係している。正像末の史観は、何故にわれわれが現在根源悪を荷負しているかを説明する。釈尊の滅後、時代とともに衆生の根機が悪化していくと考えるこの史観を前提とすると、「釈尊かくれましまして二千余年」の現在においては、人間は時代の制約によって生まれながら必然的に根源的な罪障を産みつけられている。罪障は必然的であるゆえに、またすべての人に対して普遍的妥当性をもつ。末法の現代においては、悪見の人、邪雑の人でない者はない。比丘について言えば、末法の比丘は、皆ことごとく「名字の比丘」である。彼の戒行は、「もし末法の中に持戒の者あらばすでに是恠異なり。市に虎有らんが如し、これ誰か信ずべきや」（三九右 487―488）という状態である。ゆえに明恵の考えるような悪見邪雑の人でない聖道門の人もない理である。われわれが出離を得るとすれば、ただこの根源的な罪障を自覚的に荷負することを通じてでなければならない。もちろん罪障の自覚だけで救済は成就しない。しかし自覚は不可欠の条件である。この自覚を通らずに解脱に到達する――と親鸞が解した――「聖道の諸教は、在世正法のためにして、まつたく像末、法滅の時機に非ず。已に時を失し機に乖けばなり。」（三三右 473―474）である。ゆえに明恵の菩提心主義は、「末代の旨際を知らず」「己が分を思量しない」ものであって、親鸞から見ればかえって罪障の深刻さを示す反証ともなるのである。

親鸞は菩提心を否定したが、これは第十九願の形態での菩提心であって、自己絶対化の意味の菩提心である。親鸞は第十八願の信を横超他力の大菩提心として、度衆生心・願作仏心等の概念と結合して解明している。法然に存在しないこの他力の大菩提心の概念の展開もおそらく『摧邪輪』の影響によるものであろうとされる（深励『教行信証講義』）。

明恵の論難の場合は一応別々であった、法然の二大過失と言われたものは、親鸞の弁護では結びつき、本質的な関連において取り扱われている。罪障とその由来を明らかにする根拠とが不可分なことは言うまでもない。しかし罪の自覚においては、根拠はそれによって根拠づけられるものとの一般的関係以上に、さらに次のような特殊な関連をもっている。罪障は、自己を仏の無限性へ嵩めることを阻むものとしては、自己の有限性として自覚される。しかしこの自覚はまた暗い無限の罪の深淵へと自己を沈淪させていく。仏光に対しては窓を閉じた有限性も、無明長夜の闇に対してはかえって窓を開け放つのである。罪障の自覚は光の有限性の自覚であるとともに、闇の無限性の自覚である。有限者の苦悩の底に、その根拠として無明を教えた原始仏教もまたこの無限性を指示している。この無限性が無限性として有限者から切り離され、有限性の根拠として、明らかに提示されるとともに、無明の業に内在的な――しかも輪廻によって無限化された――時間が、超越的な歴史の時間に翻されるに至ったものが、正像末の史観ではないだろうか。正像末の史観が、このような意味で根源的な罪障の根拠であるとすれば、明らかに罪障もそれの根拠もそれを自覚する主体の体験を離れては立証することができない。罪の自覚はそれぞれの個人に関する問題であり、自己自身について真摯な体験を積むことによって、初めて成立してくるものである。罪障そのものは普遍的生得的であるとしても、その自覚は最初から生得的に存在するものではない。まして罪の根拠は、例えば『大乗起信論』の無明のごとく、極めて深い、いわば悟とすれすれの体験を要求する。根拠一般のもつ理論的性格を否定しはしないが、理論が深い体験を要求するところに、罪の根拠のとりわけ宗教的な意義がある。

正像末の思想は親鸞の当時の時代思潮であった。親鸞は『大集月蔵経』や、『安楽集』を権威としてこの思想の正しさを保証している。しかし上述の意義でそれが罪の根拠であるとすれば、この史観も最後の具体的な把握の仕方においては、凡愚底下の身と嘆じた「親鸞一人」の深い罪障感を離れては存在しない——もちろん客観的な超越性の彼の自覚はどこまでも尊重せねばならないが——。ゆえに明恵に対する二つの論難の解答は、結局経典を根拠とする、客観的解釈の当否の論争から、主体の体験へ還帰することにあったと言えよう。

ところで、この点では、法然はすでに明恵の自信のない立場とは全然反対に、ゆるぎのない回心の体験から出発していた。法然は自らの信仰を語って、……されば出離の志いたりてふかかりしあひだ、もろもろの教法を信じて、もろもろの行業を修す。およそ仏教おほしといへども、詮ずるところ戒定慧の三学をばすぎず。いはゆる小乗の戒定慧、大乗の戒定慧、顕教の戒定慧、密教の戒定慧なり。しかるにわがこの身は、戒行において一戒をもたもたず、禅定において一もこれをえず、智慧において断惑証果の正智をえず……かなしきかなかなしきかな。いかがせんいかがせん。ここにわがごときは、すでに戒定慧の三学のうつはものにあらず。この三学の外にわが心に相応する法門ありや、わが身にたへたる修行やあると、よろづの智者にもとめもろもろの学者にとぶらひしに、おしゆる人もなく、しめすともがらもなし。しかるあひだなげきなげき経蔵に入り、かなしみかなしみ聖教にむかひて、てづからみづからひらきてみしに、善導の観経の疏にいはく「一心に専に弥陀の名号を念じ、行住坐臥時節の久近を問はず、念々に捨てざる、是を正定の業となづく、彼の仏の願に順ずるが故に」といふ文を見へて後、われらがごとき無智の身は、ひとへにこの文をあふぎ、もはらこのことはりをたのみて、念々不捨の称名を修して決定往生の業因にそなふべし。ただ善導の遺教を信ずるのみにあらず、又あつく弥陀の弘願に順ぜり。順彼仏願故の文ふかくたましひにそみ、心にとどめたる也。……（『和語燈録』巻五）

と。「てづからみづからひらきてみしに」とは念じつつ出まかせに披《ひら》いたことであろうと言う。アウグスチヌスを想起せしめるような、この善導の句との全存在をかけての遭遇が一切を決定してしまった。幾度も繰り返して読んだ一切経を打ち捨て、『観経』一巻を、しかも結局は善導のこの一句をとりえたところに、法然の独断の強みがある。客観的な解釈とは異質のこの体験の光によって一切が遍照されている。『選択集』もまたこの光源から判読せられなければならない。ただこの書においては、彼は明晰な客観的な論理によって浄土の一宗を建立することを努めた。この「見る者諭り易き」『選択集』の明快さは、時としては悟性的推理にも堕している。だから同じような論理を用いて、反対の結論へ推理することもまた可能となる。法然自らの体験はここでは明らかにされていない。しかしながら、念仏と諸行との関係の問題も、法然は実際は自己の体験によって解決していたのである。例えば「ある人問うていはく『色相観は観経の説なり。たとひ称名の行人なりといふとも、これは観ずべく候かいかん』。上人答へて宣く『源空もはじめはさるいたづら事したりき。いまはしからず。但信の称名也』と」(『和語燈録』巻五)は、その一例である。また恵心僧都の真如観についての問答にも同様の答えがある。すなわち法然は念仏の体験を積むことによって経典の文や宗師の勧めに対しても「いたづら事」「いらぬ物」と言い切るだけの自信を獲得してきたのである。

親鸞の三願転入はこの体験の側面を明らかにしてきたものである。親鸞は浄土真実の立場においては、『選択集』と並行しているところが多い。明恵のような誤解を避けるために、体験の吟味によって、「真実」と「権仮」とを分け、権仮方便を真実へ止揚し転入させた体験の過程を「浄土真実」の証明として論理的に自覚したところに、彼の「方便化身土」が成立した。そして「方便化身土」が成立したことによって、彼の「浄土真実」の論理も、法然よりはさらに一段とその具体性を増すことができた。われわれはさきにこの二つを華厳の哲理と結びつけて説明した。明恵と同じく華厳の世界に深い造詣のあった親鸞は、この論難によって刺激されて、法然の歩をさらに一歩進め、『選択集』の悟性的論理による信仰の歪められた表現から、信仰をそれと円融する論理によって媒介し、「浄土真実」と「方便化身土」との交互に媒介する、もっとも具体的な宗教哲学を形成することとなったのであろう。

第三節　正像末の史観と三願転入との関係

第一節の終わりに提出した正像末の史観と三願転入との問題を考察することとしよう。第二節の論述はこの問題から離れて脇道にそれていた。しかし罪障とその根拠の自覚に触れることによって、また自ら、問題解決の方向をも指示していたと言うことができる。われわれの以下の論述もこの方向に沿って進む。

(一) 正像末の史観

正像末の史観をまず述べる。親鸞はこの巻に三つの仏滅後の時代区画をあげている。第一は、

経の住滅を弁ぜば、謂く釈迦牟尼仏一代、正法五百年、像法一千年、末法一万年には衆生滅尽し諸経悉く滅せん。如来痛焼の衆生を悲哀して、特にこの経をとどめて止住せしむること百年ならん。(三四左 479)

これは一万一千五百年の後に世の終わりを予言している。正法のときは戒定慧、あるいは教行証がともに存在するが、像法には教行は存しても証は存せず、定慧は存在しても戒は保たれない。末法となると行証がともに滅亡し、教もまた「但言教のみ有つて」滅尽と同様となる。戒定慧の三つもともに行なわれない。

第二は、五百年ずつに分割するもので『大集月蔵経』による。

大集月蔵経いはく、仏滅度の後第一の五百年には、わが諸の弟子慧を学ぶこと堅固なることを得ん。第二の五百年には定を学ぶこと堅固なることを得ん。第三の五百年には多聞読誦を学ぶこと堅固なることを得ん。第四の五百年には塔寺を造立し福を修し懺悔すること堅固なることを得ん。第五の五百年には白法隠滞して多く諍訟あり、少しく善法ありて堅固なることを得んと。（三四右―左　478）

第三は、『末法燈明記』[5] に出ているもので区画はいっそう歴史上の内容によって説明されているが、またかなり荒唐無稽のところもある。

問ふて曰く、もししからば千五百年のうちの行事いかんぞや。答ふ大術経によるに、仏涅槃ののちはじめの五百年には、大迦葉等の七賢聖僧、次第に正法をたもちて滅せず、五百年ののち正法滅尽せんと、六百年にいたりて九十五種の外道きほひおこらん、馬鳴世にいでてもろもろの外道を伏せん、七百年のうちに龍樹世にいでて邪見の幢をくだかん、八百年において比丘縦逸にしてわづかに一二道果をうるものあらん、九百年にいたりて奴を比丘とし婢を尼とせん、一千年のうちに不浄観を聞くに、瞋恚して欲せじ、千一百年に僧尼嫁娶せん、毘尼を毀謗せん、千二百年に諸僧尼等ともに子息あらん、千三百年に袈裟変じて白からん、千四百年に四部の弟子みな猟師のごとく三宝物を売らん、千五百年に拘賞弥国に二の僧ありてたがひに是非をおこしてつひに殺害せん、よりて教法竜宮にをさまる。涅槃の十八および仁王等にまたこの文あり。これらの経文に準ずるに、千五百年ののち戒定慧あることなしと。（三六左―三七右　483―484）

『末法燈明記』はさらにその後に仏滅からの年数を計算している。

問ふ、もししからばいまの世はまさしくいづれの時にかあたれるや。答ふ、滅後の年代多くの説ありといへども、しばらく両説をあぐ。一には法上師等、周異記によりていへらく、仏、第五の主穆王満五十三年壬申にあたりて入滅したまふ、もしこの説によらば、その壬申よりわが延暦二十年辛巳に至るまで一千七百五十歳なり。二には費長房等、魯の春秋によりて、仏、周の第二十一の主匡王班四年壬子にあたりて入滅したまふ。もしこの説によらば、その壬子より延暦二十年辛巳にいたるまで一千四百十歳なり。

親鸞は第一の計算を依拠として、彼の時代（元仁元年）までの年数をかぞえている。

三時教を按ずれば如来般涅槃の時代をかんがふるに、周の第五の主穆王の五十三年壬申にあたれり、その壬申よりわが元仁元年甲申に至るまで二千一百七十三歳なり。また賢劫経・仁王経・涅槃、等の説によるに、已に末法に入りて六百七十三歳なり。（三五右―左 480）

要するに、仏滅度の後、時代を経過するにつれて、教行証が証から順次に滅尽し、千五百年後の末法の時代ともなると、無戒のあさましい世相となると言うのである。無味乾燥な時代区画であり、無意義な史観であると考えられるかもしれない。しかし第三の時代区画が示すごとく、この史観は、第一に、仏教史の事実に沿って自ら醸成せられてきた感想が基礎になっており、そこには次に述べるような仏教史に対する一つの洞察が含まれている。さらにまた第二に、この史観には末法の現在から解脱への未来的実践的意図が蔵せられている。

第一の点から述べる。(イ)正法の五百年は大迦葉等の七賢僧の時代である、と言うのは、原始教団や小乗教の時代を指すのであろう。そのことから教行証がならび存するという点も明らかとなる。原始教団においては、声聞等の名の示すごとく、釈尊に直接的に接することによって悟りが開かれた。人格の白熱する光が周囲に溢れ、触れる者を燃えたたすところでは、釈尊にせよ、キリストにせよ、師と弟子との間に、直接的な同一性が、事実存在しもしたし、また後代からはことさらにそのように考えられた。釈尊の自内証の教行証が直接的に弟子に伝導する。そこに弟子たちの師と同一の直接的な教行証の統一が成立する。(ロ)しかし移された熱は、発した熱ではない。釈尊からの時代的地理的距離が増すにつれて、この熱は次第に冷えていかざるをえない。これに対して大乗仏教の立場は、一度この直接的な関係を破って、新しく教行証を自発する熱によって融合させようとしたものである。像法の代表者として馬鳴・龍樹があげられている。像法の時代は大乗仏教の時代であろう。(イ)の考察と照らし合わせば、証を失った教行の立場ということも、また大乗仏教に妥当すると考えることもできる。大乗仏教が、直接的な教行証の統一から証を疎外したという表現は、裏返してみれば、大乗仏教が新しく行による独自の教証の統一を企図したことを意味しはしないか。いわゆる大乗菩薩思想とは、またこのような理解を可能にする一面を、たしかにもっている。七百年以後の記述は、インドで大乗仏教が衰えていくことを物語っている。(ハ)以上のごとく理解すれば、末法には行証がともに失われるということも、他の一面を、すなわち、新しい教による行証の統一を暗示しているとも考えられよう。

事実、第一の時代区画で「この経を留めて止住せしむること百歳ならん」と言われているこの経は、『大無量寿経』であり、第二の区画で「少しく善法有りて堅固なる事を得ん」と言われているこの善法は念仏である。すなわち末法の現在において浄土教による新たな行証の統一が意図されていると思われる。

第二。とは言うものの、もちろん正像末の史観が最初から、浄土教による救済を意志していたと主張するのではない。第一で考えたような仏教史の変遷盛衰からの直接的な感想が、現代に慊《あきた》らぬ宗教的精神の時代批判と結合したときに、この史観は自ら醸成されたものであろう。しかし、それならば必然的に、解脱への渇望がそこに潜んでいなければならない。だから道綽のような浄土家が、この即自的な希望・意図を浄土教によって対自的とし、浄土教による救済を、この史観によって裏付けられた被投的企画として、末法の現在における重要な意義を強調しだしたのは極めて自然のことである。親鸞は道綽の流れを汲んで正像末の史観を強調する。そして浄土教による救済を強調しつつ、正像末の史観を整理していく。

例えば仏滅が『燈明記』の第一の計算によらねばならない理由も、これによると、彼が和国の教主と仰いだ聖徳太子が末法の初めに生まれられたこととなるからである。親鸞は『高僧和讃』の末尾に、聖徳太子の名を記し、「敏達天皇元年正月一日誕生、当㆓仏滅千五百二十一年㆒也」と記している。これも仏教史の重要な出来事を浄土教的な正像末の史観によって整理して解釈していく彼の傾向の一例である。

元来歴史は、過去の事実の記述であるが、記述は常に現在における未来への企画によって評価され、整理される。ゆえに歴史においては、現在から未来への企画が、絶えず過去の史実そのものの核心にまで滲透している。そしてこのことは、史観ともなれば、いっそう明瞭である。しかし、それと同時に、企画もまた、逆に過去によって限定せられた被投的企画でなければならない。親鸞においても、浄土教による解脱は正像末の歴史によって限定せられた被投的企画であり、正像末の史観は、この実践的な企画によって評価され、整理された仏教史の概観である。われわれは、また、正像末の史観に秘められている解脱への方向を（その現在から未来への方向を）、この史観によって限定せられた現在の解明を通じて明らかにしていくことにしよう。

㈡ 現在

現在は仏滅二千百七十三年であり、「闘諍堅固にして白法の隠没せし」時代である。『末法燈明記』には「末法の中において、但言教のみあつて行証なし。もし戒法有らば、破戒あるべし。すでに戒法なし。何の戒を破するに由てか破戒あらん。破戒猶無し。況んや持戒をや」と言い、「たとへば猟師の身に法衣を服するが如し」と言い、「妻を蓄へ子を挟む」と言い、「手に子の臂を牽き共に遊行して酒家より酒家に至り、我が法の中に於て非梵行をなす」と言っている。『正像末和讃』や「愚禿悲歎述懐」の和讃を見ると、このような親鸞を包む世間の姿は一方では時代の姿とし許すところなく裁かれているが、他方またこの時代の姿はそのまま自己の姿として、批判は自己批判として懺悔せられ悲歎せられている。有名な彼の「悲しき哉、愚禿鸞、愛欲の広海に沈没し、名利の大山に迷惑して、定聚の数に入ることを喜ばず、真証の証に近づくことを快《たのし》まず。恥づべし。傷むべし」という言葉は深くわれわれの魂に滲み入る。正像末の史観が現在から未来へ被投的企画として救済を意志している以上、この歴史的に結果してきた現在の世界的罪障を、現存在である宗教的実存が自己に荷負することは当然であるが、われわれはしばらくその過程を分析してみるとしよう。

正像末の史観によれば上述のように、われわれ末法の人間は深い歴史的な罪障をもっている。そしてそれがあまりに深いものであるゆえにかえってわれわれはこの罪障に対して無知であり、無恥である。ゆえに現存在が現在の罪障を荷負するためには、まずこの歴史的に由来してきた罪障を自覚しなければならない。罪障を自覚するためには、現在において現存在の自覚のうちに、何らかの形で歴史的正像末の三時を再び繰り返すことが必要である。——もし正像末の歴史がこのようにして現存在の中に繰り返され、繰り返しによって想起（erinnern）されることができれば、この繰り返しによって、正像末の歴史によって成立した世界そのものも、現存在のうちに内化（er-innern）せられるであろう。——しかし現在において正像末の三時をいかにして繰り返すことが可能であるか。繰り返すためにはわれわれは何らかの形で正法の時代を再現しなければならない。ところで正像末の史観によれば、正法の聖衆と末法の衆生との間には霄壌《しようじよう》もただならぬ差異があり、正法の時代の痕跡は「遥遠」の月日の間に影もとどめず消滅してしまっている。

けれども、末法の無戒は正法の持戒とある形式的な同一性を保持している。破戒でないということがそれである。このことは欺誣《ぎふ》の言と思われるかもしれない。しかし、人間の日常性は実にかかるものではなかろうか。(イ)日常性は教行証の何一つももち合わせていない。しかも人は教行証の直接的な統一に安らう聖衆のごとく安らっている。人は証としよるべきいかなる地盤をももたない。しかも証あるもののごとくに、語り裁いている。人は行として称うべきいかなる規準にも合致していない。しかも人は自負している。要するに日常性が教であり、行と証とは直接的にこれと一つである。(ロ)そこでこの日常性から証を提出することを要求してみよう。例えば死の不安がこの日常性を一撃したとすればよい。人は死の不安によって、日常性において証とされていた一切が、無地盤性の深淵へ崩れ落ちていくのを見る。証は存在しなかったのである。そこから、新しく証を獲得しようとする努力が生まれる。そしてこの努力こそ、さきの証を疎外した教行の立場、あるいは行によって教証を統一しようとした大乗仏教の立場の現在での反復である。(ハ)次に、われわれは行を提出することを要求しよう。証を失った日常性は、また、教行の直接的な統一も、空しいものであったことを悟るであろう。行の立場はわれわれを限界に導き、われわれの懐く理想を罪障と衝突させるからである。こうしてわれわれは証と行とを疎外した末法の立場に再び帰ってくる。そして今度は自覚的に末法の立場に立つこととなる。

ところで罪障を自覚することは、罪障の無限の深化である。と言うのは、罪障を絶望的なものとする。そして絶望的な罪障は、いくことの可能な無限の深淵を絶えず足下に見出し、罪障は絶望的となることによって、自己の堕ちていくことによって墜落し続けるからである。罪障の自覚は一定の罪に沈没してそこから出ることができないことではなく、一切の罪の根拠である根源悪の深淵へ(無底の深淵へ)、墜落し続けることである。罪は無限に深まっていく。行・証を喪失している彼は絶えず足下の地盤の崩れ落ちるのを感じる。そして眼下に開かれた深淵に目眩み、墜ちまいとして戦慄しつつかえって真っ逆さまに墜落する。深淵の傍らにおいて、彼は堕ちることと避けることとの選択の自由をもっている。そして、この自由に選択する意志をもつことが逆に働いて、彼を目眩みさせ深淵へと誘い込む。シェリングが人間に普遍的な根源悪の可能性がいかにして現実的となるかの問題について述べた「恰も高くそそり立つた頂きの上で目が眩んだ者に、いはば或るひそやかな声が顚落せよと呼ぶやうに思はれる如く、或は古い物譚によれば、堪へられないサイレンの歌が、通り過ぎる舟人を渦巻に引込まんと深い底から響いて来るといふが如くである」（西谷啓治訳、シェリング『人間的自由の本質』九八頁）という言葉も、またかかる絶望的な罪障を意味している。選択する自由をもつ意志に対しては、深淵に墜ちることは可能性の一つである。しかも可能性として開かれた深淵は必然的な牽引の力としてたちまちに現実性となる。そしてこの決定はそれにもかかわらず自由意志に由来したものである。絶望的な罪障の自覚はこのような自由と必然、内在と超越、可能と現実との特殊な相即を示している。さきに述べた業の思想（三七―三八頁参照）は、このように必然性の中の自由を、神話的な輪廻の時間の中ではるかに遠く、シェリングのいわゆる「元初的な行」へと追求したものである。そして正像末の史観も業と同一の絶望的な根源的な罪障を超越的な歴史的根拠から自覚したものである、とわれわれはさきに考えた。このことは以上(イ)(ロ)(ハ)の考察によっていっそう明らかになったと思う。

例えば、「濁世の起悪造罪は暴風駛雨にことならず」と親鸞が道綽の文を和讃に翻訳する場合、抵抗しがたい罪障のはげしさと、運命的なもののみがもつ根深いパトスが示されているのではないか。暴風駛雨のような罪障は、単に日常的な立場においては発見されない。ただ(ロ)の立場を通じて(ハ)の罪障の自覚に達した者だけが感じる罪の感じである。この和讃がすぐ前に起心立行について語っている所以であろう。例えばまた、墜ちまいとする者のみ目眩みし、起心立行する者のみ暴風駛雨の如き起悪造罪をなす。『観無量寿経』の初めに述べられ、『涅槃経』に続けられている阿闍世王の父王逆害の物語に対する親鸞の理解も、われわれが全身で荷負せねばならぬ根深い運命的な罪障について教えている（信末一三左—三七左　228—276）。

さて、この絶望的な罪障の自覚を通じてのみ救済が可能となる。「浄邦縁熟して調達闍世をして逆害を興ぜしめ」と親鸞が讃嘆するごとく、根源的な罪障を荷負することは、救済への全き準備である。深く罪障を痛嘆する者だけが、「無明長夜の燈炬なり、智眼くらしとかなしむな、生死大海の船筏なり、罪障おもしとなげかざれ」という親鸞の呼びかけに打てばひびく応答をすることができる。

(三) 浄土教の救済は時と機において成立する

またいはく、教興の所由を明かして時に約し機に被らしめて、浄土に勧帰するとは、もし機と教と時とそむけば、修し難くいり難し。正法念経に云はく、「行者一心に道を求めんとき、常に当に時と方便とを観察すべし。もし時をえざれば方便なし、これをなづけて失とす、利となづけず。いかんとなれば、湿へる木を切りて、もて火を求めんに、火得べからず、時にあらざるがゆえに。もし乾れたる薪を折りてもて水をもとむるに水得べからず、智なきがごときのゆえに」と。（三四右　477）
信《まこと》に知《し》んぬ。聖道の諸教は、在世正法のためにして、全く像末法滅に時機にあらず。すでに時をうしなひ機に乖けるなり。浄土真宗は、在世正法、像末法滅、濁悪の群萠、ひとしく悲引したまふをや。（三二右　474）

㈠においてわれわれは正像末の三時を述べ、㈡においてこの三時によって結果した現在と、現在の罪障を自己に荷負する現存在の機とを述べた。㈠を過去、㈡を現（存）在、㈢を未来とすれば、現在から未来へ意図された救済への意志は、㈠過去の時と㈡現（存）在の機によって成立する。しかし時と機との救済への意志が準備され完成されても、この時機に相応する教がなければ、救済は成立しない。われわれの側からの「現在から未来へ」の道が、仏の側からの「未来から現在へ」将来する道と、道交感応するところに救済が成立する。この未来から将来するもの、廻向するものとしての教に、時機において罪障を自覚した現（存）在が、全存在を賭けて遭遇し、自己をこの教に委託し尽すところに、初めて救済への機の意志が満たされ、（機法）仏凡一体の信が成立する。またここに、浄土教の教としての具体性が時と機において現実的となる。すなわちこの遭遇によって、教と信、法と機とは一体となる。

ところで日常性の立場から、（機法）仏凡一体の信を獲得するまでのこの過程が三願転入に相応する。一々の願が、(イ)(ロ)(ハ)の過程を経て獲信に到達するこの経歴の、どことどこに相当するかは、今は考察しない。われわれは、次に明らかにしていく三願転入は、正像末の歴史の世界において、現（存）在が、自己の中にこの歴史を繰り返し想起し内化するところに成立することを強調したい。すなわち親鸞の三願転入は、正像末という「劫初劫末の道理」を内化し、これを彼独自の仕方で「劫初ヨリ劫末ニアユミクダリ劫末ヨリ劫初ヘアユミ上ラ」（『愚管抄』附録）[6]せたところに成立したものである。この内化によって、現（存）在が現在の罪障を自己に荷負することは、さきに、超越によって世界の中に自己を見出すと考えたことと同一事の表裏である。正像末の史観とそれの繰り返しとしての三願転入とが相応することは(一)、(二)の(イ)(ロ)(ハ)がこれを示している。

(二)から(三)への移行が終了して後の展開は、それが浄土真実の立場、すなわち新たなる出発であるから、今は述べない。ただ新しく獲得せられた教と信との特色について少しく述べるならば、まず教については、次のことが考えられる。

(1)聖道門の立場においては、教は教行証、あるいは教行の直接的な統一によって考えられた。教は証や行の主観の即自的な段階である。しかし浄土教においては、教はそれだけで独自の高次の存在である。否、時機の主体が遭遇する絶対他者としての汝である。——と言うのは聖道門の理想主義においては、教は行や証の主観が実践すべき教説であるにすぎない。われわれはこの教を真理と言ってもよい。絶対善と言ってもよい。ともかくこの教は主観（この主観も、時機の主体、すなわち実存から見れば、「意識一般」とか、「理性一般」とかと呼ばれる仮構にすぎない）によって、初めて意義をもちうる観念的存在である。だがこのような主観が今はもはや存在しない。現に存在するのは、「そこばくの業を持ちける「親鸞一人」である。ゆえにもしこのような時機の主体が、なお救済されうるとすれば、それは即自的な教説、真理等々の非人格的な即日存在によってではなく、汝として私が遭遇した人格的な絶対他者の慈悲の招喚によってでなければならない。

(2)「教が名号である」という命題は、親鸞や日蓮によって、鎌倉仏教が聖道門の天台教学から完成した一飛躍である。日蓮はこうして『法華経』が名号であることを主張した。これと比べると、親鸞はむしろ「名号が教である」ことを主張したと言った方がよいかもしれない。親鸞によれば「如来の本願を経の宗致となし、仏の名号を以て経の体とする」

ところに『無量寿経』の特色が存在する。ゆえに教はさきに善譲の語を引掲したごとく（一八頁参照）、弥陀の廻向の南無阿弥陀仏の全顕として自己自身のうちから教行証を展開する。すなわち教はヘーゲルの概念のような意義をもっている。したがって聖道の教は、行・証を疎外すれば、教も「言教のみ」となって滅尽し、白法は隠退してしまうが、浄土の教は、教が行証を展開し、展開において自己同一を保つ。

教と信との関係については、浄土教が教の展開によって教行証の統一を形成することを、すなわち浄土真実の『教行信証』の立場を明らかにせねばならないから、今は詳述しえない。ただ、教行証と信との関係について少しく述べるとすれば、だいたい次のごとくであろう。『教行信証』は、教―行―信、信―行―証の二つの推論式を含んでいる。宗乗学者が、行信次第、信行次第と呼ぶものがこれに当たる。教―行―証の推論式は、第一式の終結の信と第二式の端初の信とが媒辞となり、信によって推論式の推論式を成立せしめたものである。したがって親鸞は『教行信証』を「教行証」とも、「また教行証を敬信し」とも言っている。教の展開がそれと一体である信によって支えられていることは第一、第二式を考えれば明らかに知りうるところである。

第二章　三願転入の問題

第一節　三願に対する従来の解釈

われわれはさらに立ち入って三願の転入を考察することとしよう。まず最初に三願の願文をあげ、次に三願に対する従来の一般的な解釈を述べた上で、これに対する若干の疑義を提出したい。これらの疑義は最後のものを除いては、皆宗乗学者がすでに論題としたものであって、事新しいものではない。もっとも忠実な仕方は、これらの論題を客観的に、「化身土巻」の本文解釈につれて叙述していく従来の解釈方法であろうが、われわれは三願転入の論理的方面にのみ目を注ぎ、本文を一節ずつ解明していくのではないから、重要と思われるものを一括してここに提出するのである。それも互いに対立する主張を忠実に詳釈して、アポリアを切り抜けることが目的ではなく、従来の解釈が間違っているところがあったことを、この論題から主張していきたいのである。ゆえに勢い、論争する立場の詳述よりは、それが止揚されると抱負するわれわれの解釈がさきになってしまう。われわれはまた、一応独立な論題の間に連絡をつけ、三願転入の内容をこの章においておぼろげながら指示できるように努めた。三願転入の詳細の解明は次章以下に行なうはずである。論題を飛石として、三願の園を最初に一回りすることがわれわれの目下の目的である。まず三願の願文をあげよう。

第十九願　至心発願の願

もしわれ仏を得たらんに、十方の衆生、菩提心をおこして、諸の功徳を修し、心を至し発願して、わが国に生ぜんと欲はん。寿終の時に臨んで、もし大衆と囲繞して、その人の前に現ぜずば、正覚を取らじ。

第二十願　至心廻向の願

もしわれ仏を得たらんに、十方の衆生、わが名号を聞きて、念をわが国に係け、諸の徳本を植ゑて、心を至し廻向して、わが国に生ぜんと欲はん。果遂せずば、正覚を取らじ。

第十八願　至心信楽の願

もしわれ仏を得たらんに、十方の衆生、心を至し信楽して、わが国に生ぜんと欲ふて、乃至十念せん。もし生れずば正覚を取らじ、ただ五逆と正法を誹謗するをば除く。

(一)第十九願　至心発願之願　設我得《タランニ》レ仏《ヲ》、十方《ノ》衆生、発《シテ》二菩提心《ヲ》一、修《シ》二諸《ノ》功徳《ヲ》一、至《シ》レ心《ヲ》発願《シテ》、欲《ハン》レ生《ゼント》二我《ガ》国《ニ》一、臨《ンデ》二寿終《ノ》時《ニ》一、仮令《モシ》不《バ》下与《ト》二大衆一囲繞《シテ》現《ゼ》中其人《ノ》前《ニ》上者、不《ジ》レ取《ラ》二正覚《ヲ》一

(二)第二十願　至心廻向之願　設我得《タランニ》レ仏《ヲ》、十方《ノ》衆生、聞《テ》二我《ガ》名号《ヲ》一、係《ケ》二念《ヲ》我国《ニ》一、植《エテ》二諸《ノ》徳本《ヲ》一、至《シ》レ心《ヲ》廻向《シテ》欲《ハン》レ生《ゼント》二我国《ニ》一、不《バ》二果遂《セ》一者、不《ジ》レ取《ラ》二正覚《ヲ》一

(三)第十八願　至心信楽之願　設我得《タランニ》レ仏《ヲ》、十方《ノ》衆生、至《シ》レ心《ヲ》信楽《シテ》、欲《フテ》レ生《ゼント》二我国《ニ》一、乃至十念《セン》、若不《シバ》レ生《レ》者、不《ジ》レ取《ラ》二正覚《ヲ》一、唯除《ク》三五逆《ト》誹二謗《スルヲバ》正法《ヲ》一

親鸞はまた、この三願を教、機、願、往生によって分類している。

願	機	往生	教
（第十九願）至心発願之願	邪定聚之機	双樹林下往生	無量寿仏観経之意也
（第二十願）至心廻向之願	不定聚之機	難思往生	阿弥陀経之意也
（第十八願）至心信楽之願	正定聚之機	難思議往生	大無量寿経之意也

一般の解釈に従えば、第十九願の機は、念仏以外の余行を一つあるいは多数にとりまぜて修行し、この功徳を阿弥陀仏に至心発願して廻向し、極楽浄土へ生ぜんと願う者である。

この念仏以外の諸の功徳には、『観無量寿経』に説かれている定善（観想）と散善（道徳）とがこれに相当すると考えられている。第二十願の機はこれに対して、このような余行を一切打ち捨てて一向に念仏を励み、この念仏の徳本を仏に至心廻向して極楽に往生せんと思う者である。ただこの称名する心に自力の執心が除かれていない。これに対して第十八願は全く自力の我執を脱し去った「至心信楽己れを忘れた」念仏者の一類に相当する。この通常の解釈は一応われわれを納得させるが、詳細に考察すると、親鸞自身の言葉の上からいっても、またそれを追体験するわれわれの理解からいっても、多少あらためられねばならないと思われる節がある。

第二節　その難点

第一　第十九願に対する疑点

親鸞は『三経往生文類』の中で「観経往生といふは、修諸功徳の願により、至心発願の誓ひにいりて、万善万行の自善を廻向して浄土を忻慕せしむるなり。しかれば無量寿仏観経には、定善散善、三福九品の諸善、或は自力の称名念仏をときて、九品往生をすすめたまへり。これは他力の中に自力を宗致としたまへり。このゆへに観経往生とまふすは、これみな方便化土の往生なり。これを双樹林下往生とまふす也」と説いている。この「自力の称名念仏」という言葉は、ごく自然に解すると双樹林下往生、すなわち第十九願について語られているのでないだろうか。ゆえにいわゆる第二十願の念仏は、ここでは第十九願の中に含まれていると考えられる。また第十九願の願成就の文は「三輩往生の文是なり」(二左 410)と言われているが、その三輩往生の文にも「専念無量寿仏」の言葉が出ている。われわれがこれから問題にする「方便化身土」の第十九願の解明(要門釈)の部分も、また多く称名について語っている。それらを考量すると、第十九願の中には、称名念仏が存在することはほとんどたしかとさえ思われる。そこで第十九願の修諸功徳の中に称名念仏が含まれているか否かが宗乗学の一論題となっている。

(1)念仏は一切の善を含む善本徳本であるから、修諸功徳の中の定散二善とならべて考えられることはできない。もし万行随一(随一はその中の一分の意)の称名念仏があるとすれば、万行を棄てて念仏を立てることの意味がなくなる。これが第十九願に念仏を認めない「念仏不立」の人々の説である。明教院の『顕考記』がその代表である。(2)しかしこの説だけでは、上述のごとく親鸞の言葉や、『教行信証』の本文と撞著するところができてくる。『口伝鈔』(七二丁)の「修諸功徳の中の名号をよ(り)どころとして……」等はもっとも会通し難い文である。ゆえに明教院の流れを汲む人の中にも万行随一の念仏を認める人ができてくる。道隠は『本典略讃』に「偏ニ万行随一ノ念仏ナシトスルトキハ、違スルトコロ多シ。……己ガ心トシテ称ヘテ定散トスルユヱ、機ヨリ念仏ヲシテ諸行ノ一分ニ堕セシム。此ヲ名ヅケテ万行随一ノ念仏トス」と言っている。(3)念仏に万行随一の念仏、自力の念仏、他力の念仏の三段階を判然と認め、第十九願、第二十願、第十八願に当てることは慧空等が代表的であるという。しかし、大体から言えば念仏不立説が定説である。

しかし道隠が「己ガ心トシテ称ヘテ定散トスル」と言うように、われわれが称名する体験を反省してみれば、われわれがひたすらに真面目に称える念仏が、最初にまず観想と道徳とを含まないことがありうるだろうか。真実の宗教は「本質的には先なるもの」ではあるが、「われわれに対しては後なるもの」である。われわれに対して先なるものはかえって観想と道徳とである。称名念仏も、それが生命あるものである限り、まず第一にこの二つに触れる。例えば、われわれは念仏の意義について思索し、反省しないであろうか。真面目な称名が絶えずわれわれの行為を峻厳に批判しはしないだろうか。われわれはあるときには、観想の途絶えがちな、しかし静寂な法悦に浸りながら称名し、ときにはまた為善の喜びに勇ましく称念する。しかし他のときには煩悩にひきずられながら散乱の称名をなし、ときにはまた、悔恨の涙にぬれつつ称念する。これらの称名念仏は、要するにたとえわれわれが念仏の一つに心を向けていたとしても、本質より言えば定散の二善にすぎない。

それは念仏でない念仏であり、宗教的精神の段階としては、いまだ雑行雑修にとどまっていて、善本徳本としての念仏を知らない者である。ゆえに称名念仏もこの段階においては定散の二善と同一である、万行随一の念仏であると言うことができる。

第二　第二十願に対する疑点

しかしこのように解すると第十九願と第二十願とはいかにして区別されるか。念仏不立説の人々は、われわれに反問するであろう。事実われわれは第十九願の中にいわゆる第二十願の自力の称名を認めた。ゆえにもし第二十願の善本徳本としての称名が、従来の解釈の通りのものであれば両者の区別はつかなくなってしまう。しかし一般に認められてきた第二十願の解釈は、それほど正確な行き届いたものであろうか。われわれはまず、(1)われわれに疑いを起こさせる「大切の証文」をあげ、次に(2)それを依拠として第二十願の自力の執心の問題を明らかにし、従来の解釈が十分でないところを補足したい。(3)この自力の執心の理解は、さらにわれわれを善本徳本の概念の新たな理解に導くであろう。もちろん(2)(3)の解明もここではほとんど問題提出と異ならぬ予備的解明にすぎない。詳細の解明は第四章・第二十願の解明において行なうはずである。

(1)第二十願については、われわれは親鸞自身の体験を語る貴重な文献を参考にすることができる。親鸞の没後、彼の内室恵信尼が末娘に父の想い出と信仰とを語って聞かせた数通の書簡（『恵信尼文書』）の中に、次のごとき物語がある。日付の寛喜三年（一二三一）は親鸞が五十九歳の年である。

寛喜三年四月十四日午の時ばかりより、風邪心地少し覚えて、その夕さりより臥して、大事におはしますに、腰膝をも打たせず、てんせい看病人をもよせず、ただ音もせずして、臥して在しませば、御身を探ぐれば、暖かなる事火の如し、頭をうたせ給事もなのめならず、さて臥して四日と申すあか月、苦しきに、「ま（今）はさてあらん」と仰せらるれば、「何事とぞ、たわ事とかや申事候」と申せば、「たわ事にてもなし、臥して二日と申日より大経をよむ事暇もなし、たまたま目をふさげば、経の文字の一時（字）ものこらず、きららかにつぶさに見ゆる也。さてこれこそ心得ぬ事なれ、念仏の信心より外には、何事か心にかかるべきと思ふて、よくよく案じて見ればこの十七八年がその上、げにげにしく三部経を千部読みて、衆生利益のためにとて、読始めてありしを、これを何事ぞ『自信教人信難中転更難』とて、自ら信じ人を教へて信ぜしむる事、まことの仏恩をむくゐたてまつるものと信じながら、名号の外には何事の不足にて、必ず経をよまんとするやと思かへして、よまざりし事の、さればなほ少し残る所のありけるや。人の執心自力の信はよくよく思慮あるべしと思ひなして後は経読む事は止りぬ。さて臥して四日と申すあか月、『ま（今）はさてあらん』とは申す也」と仰せられて、やがて汗たりてよくならせ給て候し也。三部経を実《げ》に実《げ》にしく千部よまんと候し事は、信蓮房（親鸞の子）の四の年、武蔵国やらん、上野国やらん、佐貫と申す所にて読みはじめて四五日ばかりありて思ひかへして読ませ給はで、常陸へは在しまして候しなり云々。（『恵信尼文書』第三通、鷲尾氏『恵信尼文書の研究』八三—八九頁）

(2)親鸞の信仰生活にとって夢は重大な役割を演じていた。彼は浄土を夢見る人であったと言われる。しかしながら今の場合のこの幻か夢かの事例においては、親鸞は逆にそれに精神分析を行なっている。表面的な一応の事実の底に深い我性——自力の信・執心——を発掘し、それを自覚することによってかえってそれから超越したことを示すこの物語は、深い意義をもっている。自力の信が、このようなものであれば、われわれが万行随一の念仏のような仕方で、余行を棄てて念仏に帰したとしても、それは決して自力の念仏ではない。この念仏はいまだ自力に撞著していないのであるから、自力を棄てる等のことはもちろん問題にならない。だからこの念仏が、自己を自力の念仏であると思念して、自力を棄てようとか、棄てたとかと思量したとしても、それは少しも問題の核心に触れていない。ところが従来のいわゆる第二十願の自力の執心の解釈には、このような点が少なくないと思う。自力の信はこのようなものでは決してない。ただ鋭い精神の洞察家、精神の病理学者ででもあるような宗教的天才だけが、初めてこの自力の信という障害に撞著する。この障壁は自我の深淵に住む悪霊的な我性の城堡であって、宗教的天才はどうしてもこの城堡を打ち破らねばならない。事実この悪霊的な我性との葛藤は、さまざまの形で多くの宗教家の回心の物語の側に見出される。われわれは後に、第二十願を解明するときに（一二七頁以下参照）詳細に我性の親鸞的な形態を問題とすることとしたい。要するに自力の執心は、第十九願とは全然別異の稀な宗教的な精神状態である。

(3)さて第二十願の自力の執心が以上のごときものであるとすれば、善本徳本としての念仏は、われわれを駆り立ててこの我性の深淵へ追い込むものでなければならない。「善本とは如来の嘉名なり。この嘉名は万善円備せり。一切善法の本なり。故に善本といふなり。徳本とは如来の徳号なり。この徳号は一声称念するに至徳成満し衆禍皆転ず、十方三世の徳号の本なり。故に徳本といふなり」（二一右─左　450）という親鸞の解釈は、そのためには名号を対象的に考察してその威徳を述べたものであってはならない。この言葉は全く体験の事実でなければならない。上掲の文がそのように、意識の表面においての理解ではなく、体験として自己の全存在において証せられるためには、われわれはまず宗教的実存として全存在を賭けて決断して名号に自己を委託していなければならない。またそのためにはわれわれは深く根源的な自己の罪障を自覚していなければならない。一切の善への起心立行が解脱に対して無効であった罪悪深重の自己が、救済せられ解脱しうるから、名号が事実、善本であり徳本であるのである。『教行信証』の総序は、このことを判然と物語っている。そして第二十願が、宗教的実存の全存在においての決断であるからこそ、後に明らかにするごとく、この決断の力と熱情《パトス》とに絡みついて、悪霊的な我性も自己を示してくるのである。ゆえに空華派と備前派との、善本徳本の名号を万善の調和的全体と考えるか、あるいは総和と考えるかの論争は、体験の主体の問題を忘却している限り、戯論であると言わざるをえない。

第三　第十八願に対する疑点

第二十願の以上の理解はさらに(1)第二十願と第十八願との関係、(2)三願転入の時期の問題を明瞭にするであろう。

(1)さて、第二十願から第十八願への転入が先の夢か幻かのようなものの分析の場合のごとくに、それを自覚することがかえってそれからの超越であるとすれば、第二十願であると自己を自覚しつつ、自覚においてもなお第二十願であり続ける意識形態は存在しない理である。第二十願の精神も決断においては、他力の念仏を選択したつもりであり、第十八願であると自負する。この自負しているいわゆる第十八願が、全存在をかけて名号に自己を委託し尽したと意識している、その決断の底に、なお自力の執心が残っていることを発見するのには、第二十願の自覚の深化に本質的な一つの過程を経歴した後でなければならない。その過程については、第二十願の解明の際にこれを明らかにすることとしよう。さて、自負していたいわゆる第十八願が、自己の深奥に自力の執心を発見すれば、自負していた第十八願は自己を第二十願に貶してしまう。そして一度第二十願に落ちることによってかえって逆に第十八願に浮かび上がる。そのことがどうして可能であるかと問われれば、われわれはこの「罪の自覚から救済へ」の——今まですでにしばしば繰り返して説いた——道の、これが最後の最高の前提であり、そしてまた自覚の深奥のしかも了々として明らかな体験の事実でもあると言うよりほかはない[7]。第十八願と第二十願とは宗教的精神の本質的な自覚の両契機であるから、第十八願の精神はただ一度第二十願から転入して第十八願となってしまうのではなく、第十八願は絶えず第二十願を自己疎外によって成立せしめつつ、またさらにそれを消滅契機として否定し、第十八願に転入せしめ続けねばならない。親鸞が第十八願への自己の転入を「然るに今特に方便の真門を出でて、選択の願海にるのではないか。

転入し」と述べ、その直後に「ここに久しく願海に入りて」と言っている、この「今特に」と「ここに久しく」との矛盾は、以上のごとくに解することによって初めて理解されるのではないか。

(2)第十八願、第二十願の以上の関係を理解すると、両願の間に時間的な継起を考え、第二十願が必然的に第十八願に転入するとする「果遂の誓ひまことに由有る哉」という親鸞の考えは、また第二十願と第十八願との（決断の自覚においては）区別を認めない「しかるに愚禿釈の鸞建仁辛酉の暦雑行をすてて本願に帰す」という親鸞の表現や『御伝鈔』の「真宗紹隆の大祖聖人（法然）ことに宗の淵源をつくし、教の理致をきはめて、これを述べ給ふに、（親鸞）たちどころに、他力摂生の旨趣を受得し、あくまで凡夫直入の真心を決定しましましけり」という文と少しも撞著しない。ところが、初めの言葉とこの二つの言葉が矛盾するものと考えられたところから、宗乗学者の間に種々の異見が生じた。

さきの慧空は、親鸞には三願転入の事実がなかったと考え、皆往院は建仁辛酉に親鸞が吉水に法然を訪ねた後に、三願転入があったと考え、道隠は第十九、第二十願は吉水入室以前の段階であり、吉水入室とともに第十八願の境地へ転入したと考えている。これらの説が代表的なものであると言うが、いずれも十分な説明とは言えない。もちろん三願転入が理想類型である意味では、転入の過程が日付によって明らかにされることは必ずしも必要ではない。しかし親鸞自身の体験がこの類型的な転入と相当密接な関係をもたねばならないことは言うまでもない。山田文昭氏は越後に配流されている時代に親鸞の内的生活が深化した事実を指摘し、第十九願を吉水入室以前、第二十願を入室以後とし、第十八願への転入を越後時代のある時期とせられたが、われわれも大体この考えに従いたい（『真宗史之研究』一―七頁）。ただし第十八願への転入は、後に明らかにするように、親鸞が自信教人信の教化活動に入ってからでなければならない。ゆえに第十八願への転入は越後時代よりは（彼はこの時代には弟子をもたなかったと考えられる）教化活動の始まった関東時代ではないだろうか。

それから『恵信尼文書』から明らかにされてきた、親鸞が叡山時代に不断念仏会の役僧であった事実も、第十九願雑行の中に念仏を含めて考えるわれわれの主張を裏書している（六一―六三頁参照）。

上掲の恵信尼の消息は、われわれにまた信仰と身体性との問題を提出する。信仰は観念論的な自覚の深化によって獲得せられるものではない。いかに深遠な思索であっても、またいかに厳密な体系であっても、「意識一般」とか「観念論的自我」とかと呼ばれる主観は、決して信仰の主体とはなることができない。信仰は、つねに「親鸞一人」の問題である。だからそくばくの業をもつこの身体的な自己が問題でなければならない。信仰はこの身体的な自己をつくり変える働きである。身心脱落でなければならない。ゆえに、身体をつくり変える真理が解脱の真理である。それは認識の真理ではなく、愛の真理でなければならない。絶対者の「もし生れずば正覚をとらじ」という、深き慈悲の招喚だけが、私の身心をつくり変えることができる。法性真如ではなくて方便法身の弥陀が、教説ではなくして名号が、この私をつくり変えるのである。ゆえに身体性の問題は信仰にとって重大な問題である。

そこでまず第一に注意せねばならぬことは、この信仰の提出する身体性の問題が、他の方面から提出せられる身体の問題と、その問題設立においてすでに全く異なることである。身体の問題は例えば表現・製作等々の立場からも問題とせられる。しかしこのような場合では、身体は、それに宿る生命との直接的な関係において考察される。そして身心を兼ねそなえる全人を、人間の理想として前提しているのである。しかし信仰は、このような人間中心主義の全人の理想や解釈には、何ら関わるところがない。信仰は、人間が超越的なるものに面接し、自己をこの超越者に委託し尽すところに、成立するのである。ゆえにわれわれにとっては、人間が人間内在の立場を乗り超えて超越者に自己を委託しようとするときに、その身体がいかなる意義をもち、いかなる作用をなすかが問題なのである。

　そしてそこで明らかに自覚せられる身体性は、いうまでもなく罪業の束としての身体である。私が人間内在主義から飛躍しようとするときに、意外にも飛躍を妨げる錘りが私に附加せられていたことを発見する。身体性はかかる錘りである。だから「生の哲学」が考えるような内的生命の外にあらわれ出た表出として、内外が直接的に一つであるごとき、身体性ではない。このような内的生命よりは、われわれがここで問題とする身体性の方がはるかに内的であり、かの主観よりもいっそう主体的な存在である。

　つまり身体的なものは、宗教的実存にとっては実は種的基体と同様の意義をもったものである。種的基体という言葉は唐突の感があるかもしれない。しかし、種的基体としか譬えようのない、また実際に種的基体と密接な関係をもった宗教的身体性が存在する。キェルケゴールは、宗教的実存の決断について、観念論の決断は一気に紙上で成立する。しかし、真の実存的な決断は、成立せしめるためには時を要する。その理由は、宗教的実存が決断するときに、それと同時に彼はすでにそれまで反対に決断していたということが成立する。ゆえに決断は、この反対の決断を媒介として、その負債を支払ってのみ、初めて具体的に決断となりうる、と述べている。われわれはこのような決断とともに成立する、しかも既往に成立してしまった反対の決断が、現在においてひきしめ合い、宗教的実存の決断と対抗し、抗争し合っている場所として身体性を考えたい。過去の行動の蓄積として、現実の決断の主体に働きかけている力がこの身体性なのである。ゆえに宗教的決断が真に自己を生かすためには、この自己と対立する、自己がそこから生まれた、種的な既往の決断の全体を自己として荷負しなければならない。対立する身体性の契機に自己否定的に関係し、これを媒介として、基体を主体たらしめる行が、真に決断をして決断たらしめる。

キェルケゴールの言葉を今第二十願に当てはめて考えるならば、宗教的実存が「念仏をとりて、信じたてまつらん」と決断したとき、その決断が具体的である限り、それまで反対に決断していたということが生じる。ゆえに決断は反対の決断を通じて自己の負債を支払いえて、初めて真の第十八願の決断となる。第十八願への決断が抽象的に一気に成立せず、具体的な支払いの時間を必要とし、「なほも少し残る所」を止揚しうるまで第二十願にとどまらねばならなかったことも、また、第二十願が身体性の底に、第十八願と対立する無意識的な我性を蔵していて、決断と対立し、弥陀廻向の力に抗し続けていたことも、この見地からすれば当然と言わねばならない。

具体的に言えば、身体性への注視は、われわれが身体的に存在する限りつねにもっている身体的状態の知覚をより繊細に敏感にして、不注意の場合には見逃してしまったような事項からも、それを熟視し精察して、精神の状態を診断することに努めることではない。

親鸞の先の例はアプレアクチォン（Abreaktion）であると考えるべきである。そして、彼が自己分析的にアプレアクチォンをなしえたのは、彼の信仰が、行的に身体を媒介し、止揚することができる方法をとっていたからである。と言うのは、念仏についてなお足らざる思いのした彼は、何事の不足にて思い返し「自ら信じ、人を教へて信ぜしむ。難中転《うたた》更《また》難し。大悲弘く普く化するは、誠に仏恩を報ずることを成ず」という善導の文を反省して自信教人信に踏み出した。しかしこの足らぬ思いは、これによってかえって深化したということができよう。何となれば、教化生活に踏み出すことによって彼は人間の深奥に潜む根強い我性に撞著し、初めは満ち足りぬ思いや重苦しい不安の底に何かあるように思われたこの物を深く反省し、懺悔する機会を与えられたと考えられる節があるからである。その理由は次のごとくである。

第二十願の自力の信は、「本願の嘉号を以て己が善根となす」顛倒に成立する。『三経往生文類』の説明には「しかりといへども、定散自力の行人は不可思議の仏智を疑惑して信受せず、如来の尊号をおのれが善根として、みづから浄土に廻向して果遂のちかひをたのむ。不可思議の名号を称念しながら不可称・不可説・不可思議の大悲の誓願をうたがふ。そのつみふかく重し」と記されている。如来の大悲への疑いが邪見憍慢の形態をとるところに自力の執心が成立する。そしてこの邪見憍慢の形態とは、「如来よりたまはりたるもの」を、簒奪してこれを己が善根とし、それによってかえって如来と対立し、反抗している我性の顚倒の見である。

ところで「如来よりたまはりたるものを我物顔とする」「荒涼さ」は、親鸞が彼の弟子たちがわが弟子ひとの弟子と争論した場合に手痛く叱った言葉である（『歎異抄』六）。しかし、親鸞は身に覚えのないことを弟子たちに語ったのではなく、かえって彼自身教化の活動がつねに名利と相即していることを痛嘆していた。「小慈小悲もなけれども、名利に人師をこのむなり」と懺悔した親鸞は、この教化活動の間に、絶えず重苦しい我性の癖《しこり》を感じていたのではないか。そしてこの悩みがあればこそついに最後の分析へと駆り立てられたのではないか。

一般的に言えば信仰の立場から問題とせられる身体性の問題は、第一に我性との関係において、第二に時間的持続性において、第三に決断との関係において、これを詳述しなければならない。

第一の問題はキリスト教の場合には「肉の中の刺」として、仏教の場合には阿頼耶識、末那識の問題として、互いに特色のある理解を示している。唯識論の完成者であった世親が、初めて真の意義で弥陀浄土の願生者であったから、われわれは第二十願の解明の際にこの問題に触れなければならない。第二の問題は罪の継続と信仰の相続の問題である。

「罪の継続は新しい罪である」と言われるごとく、罪の継続は罪の自覚深化に対して必然的な契機である。同様に信仰においても、信の相続は信仰の本質的な契機である。罪の継続と深化の問題は、やはり第二十願の解明の際に触れるはずである。信の相続については、「一念多念」「三不三信」等が問題となっている行巻・信巻において十分に検討を加えるであろう。要するにこれらの持続の問題は習慣的なもの、身に染みたもの、熏習したものとして、身体性を離れては考えることができない。第三の問題は、道元が「身心学道」と言うごとく真の宗教的実存の決断は身心の決断でなければならない。第十九、第二十、第十八の三願は身心の決断の反復[8]の具体化であると言うことができる。そして決断が身体性を媒介とすることが、他方では自信教人信の教化の問題と結合しているから、媒介は真に行的媒介でなければならないことを、われわれは第二十願から第十八願へ転入する際に、親鸞自らの言葉によって、以上の推測よりは一段と明確に指示することができよう。

第三章　第十九願の解明

第一節　臨終現前の願

宗教的精神の第一段階として、われわれは第十九願の本質を解明しよう。親鸞は第十九願の「菩提心をおこして、諸の功徳を修し心を至し発願して、わが国に生ぜんと欲はん」の修諸功徳を『観無量寿経』に説かれている定善・散善（観想と道徳）であると説明する。しかし一切の観想や道徳が、ただそれだけで宗教的意味を獲得しえないことは明らかである。親鸞は「浄土和讃」に、「諸善万行ことごとく　至心発願せるゆゑに　往生浄土の方便の　善とならぬはなかりけり」と和讃している。そこで一切の観想や道徳は、至心発願することによって初めて、宗教的意味を帯びてくることが明らかとなる。したがって、われわれはまず至心発願の本質を解明することとしよう。

第一に、われわれはいかにして至心発願するのであろうか。この問題に対する答えは、この願の「寿終に臨んで、もし大衆と囲繞して、その人の前に現せずば」という文の中に暗示されている。第十九願の精神は臨終に仏の来迎を望んでいる。『観無量寿経』は、九品（九種類）の人に対する、仏の来迎の仕方の相違を説き、また『阿弥陀経』は、一心不乱の念仏行者には、命終のときに、阿弥陀仏が諸聖衆とともにあらわれ、念仏行者は心顚倒せずしてたちまちに極楽国土に往生すると教えている。これらの聖言をたよりとして、臨終に正念に住して仏の来迎にあずかりたいと祈る心に、われわれは死の不安を見出すことができる。すなわちこの第十九願の精神は、この祈りにおいて絶えず寿終について考量し、死に対して準備している。

死の不安と来迎との関係は、われわれの推定からだけでなく、また史実の上からも確かめられる。時代の不安が増し、無常感が世を覆うにつれて、来迎によって往生に異相のあった男女の往生伝が次々に製作せられたことも、不安と来迎との関係を物語っている。また来迎の図絵についても同様のことが言われる。静かに西の空に浮かんでいる雲の上に示現する仏や聖衆の姿は、時代が不安期に入るにつれて、雲は嵐のごとくに速力を帯び、仏と聖衆は緊急の場に駆け付けようとする趣を示してきたという。

死の不安と来迎との関係を明白に意識的に示しているものに善導の有名な「無常の偈」がある。

諸衆等聴きたまへ、日没無常の偈を説かん。人間忽々として衆務を営み、年命の日夜に去る事を覚らず。燈の風中に滅《きえ》なんことを期し難きがごとし。忙々たる六道定趣なし。いまだ解脱して苦海を出ることを得ず、云何が安然として恐懼せざる。おのおの聞け強健有力の時、自策自励して常住を求めよ。この偈を説き已りて、更にまさに心口に発願すべし。願くは弟子等、命終に臨んで、心顚倒せず、心錯乱せず、心失念せず、身心に諸の苦痛無く、身心快楽にして禅定に入るがごとく、聖衆現前したまひ、仏の本願に乗じて、阿弥陀仏国に上品往生せしめたまへ。乃至（『往生礼讃偈』）

これによると死の不安が来迎を望む心の前提であることが明らかである。『浄土三部経』に説かれたこの臨終来迎の誓いは、死の問題に対する深い用意をもって、これらの経典が作られたことを示している。そして死の不安によって現世否定に到達した極楽浄土の願生者たちにとって、もっとも強く彼らの心を惹きつけたのもこの誓いであった。彼らは死の問題を臨終来迎において思索した。道綽の『安楽集』、善導の『観経疏』『往生礼讃』、源信の『往生要集』、法然の語録の中に、臨終来迎に因んだ、死の解釈を発見することができる。われわれは今一人一人について、その個性的な死の理解を解明していく暇はない。ゆえに、特に法然の理解を念頭に置きながら、諸説を合糅していくこととしよう。われわれは死が臨終現前の誓いに因んで理解されていると言った。それは臨終現前の願によって望まれていることの反対が死において不安に感ぜられているからである。臨終現前の願に誓われていることを裏返してみれば、さきに述べたごとくこの願がこの不安を前提としているというよりは、むしろこの願が死の不安の一形態であるという方がいっそう適切なことに気がつく。

まず臨終において「心顚倒せず、心錯乱せず、心失念せず」という望みには、死に対する覚悟が重大な関心であることが知られる。何故に死に覚悟して対することがそれほど重大であるか。何故に下品下生の悪人が命終に臨んで、十声念仏すればすなわち往生すると、『観無量寿経』に説かれているか。この問題に対しては道綽のすぐれた解答を参照すべきである。道綽の結論は、簡単に現代的に言えば、ここでは全存在可能が問題なのだということになる。臨終において、その人の生存の全体が——前世の生存をも含めて——総決算されてあらわれる。また臨終の一念の大勇猛心は一形（一生涯）の力を一時に尽して用いるゆえに、生涯の悪業を消滅する増上の善根である。逆に「もし人臨終の時、一念の邪見生ずれば、増上の悪心なるをもつて即ちよく三界の福を傾けて悪道に入る」とも説かれている（『安楽集』巻上）。法然にとっても、臨終の善悪は、信仰の試金石である。年頃念仏申したる人も臨終が悪ければ、「げにげにしき」「人目をかざつた」念仏者であって、外観はともかく、「我心においては劣つて」いた証拠である。臨終のあり方が全存在のあり方を示すゆえに、それはまた、人目でない我心と結びついているのは当然である。ところで死における覚悟が重大であればあるほど、それを堅持することが困難であり、堅持した人が稀であったことが気づかれる。困難の理由としては、およそ二つが考えられている。第一に、死が期し難い不定さでわれわれを襲うゆえに、われわれは準備して死に対面することが困難である。第二に断末魔の苦しみがある。もちろん経験的には、ある人は病なく「うるはしく死に」、他の人は苦悶して死ぬ。最後の苦しみにも程度の相違があると感じられる。『往生要集』には、「悪業の人は命尽くる時に、風火先に去る。故に動熱して苦多し。善行の人は命尽る時、地水先に去る。故に緩慢として苦なし」（巻上）と述べている。しかし、最後の「かみすぢきるが程の」臨終について言えば、すべての人は同様に苦悶する。死苦は人間の八苦の一として、人間には本質的なものであるからである。かくして臨終に顚倒するとすれば、われわれは必然的に悪道に堕ちねばならない。そして、死において、悪道に堕ちる堕ち方は、また死に特有のものである。人は「冥々としてひとり逝か」（『往生要集』巻上）ねばならない。死において、人生の孤独性が明瞭になる。「人ひとり死して行く」というパスカルの言葉のように、『大無量寿経』にも、「人間は愛欲の広海のうちにひとり来りひとり往く」と教えられている。

要するに死は、最後の——全存在に関する——期し難い——断末魔の苦をもった——孤独の——自己の存在に関係する問題である。

さて、この断末魔の苦と、期し難い不定性とは、阿弥陀仏の来迎によって救われる。法然の解釈に従えば、

> また後世者とおぼしき人の申すげに候は、まづ正念に住して、念仏申さん時に、仏来迎し給ふべしと申すげに候へども『小阿弥陀経』には「諸の聖衆と与《とも》に現にその前に在《ましま》す、是の人終る時心顚倒せず、即阿弥陀仏の極楽国土に往生することを得」と候へば、人のいのちの終らんとする時、阿弥陀ほとけ聖衆とともに目のまへにきたり給ゐたらんを、まづ見まゐらせて後に、心は顚倒せずして極楽にむまるべしと、心えて候。（『拾遺和語燈録』巻下）

また、臨終としては期し難い死も、来迎する仏の方からは予期せられたときに起こるこ

とは言うまでもない。死の孤独感に対しても、仏は諸聖衆とともに現前すると説かれている。大衆に囲繞せられて心にぎやかに往生する念仏行者は、死の寂寥から解放されることができると言えよう。

浄土家の死の解釈を合糅しながらも、われわれは少しも肝腎の親鸞に触れるところはなかった。実は親鸞がこの問題に関して全く別の見解を懐いていたからである。彼にとっては、信仰の決定するそのときが「前念命終・後念即生」であって、生死の転換が本質的には、このときに行なわれてしまう。ゆえに臨終の善悪は、問題とはならないのである。法然においても、信仰は平常に決定すべきことが強調された。しかし同時に、臨終は信仰の本質的な契機であった。ゆえに臨終現前の願は重要な意義をもってくる。しかし親鸞においては、臨終は信仰の必然性よりは業法の必然性と結合している。ゆえに真実の信は臨終現前の第十九願とは独立のものとならざるをえない。親鸞はこうして信を臨終現前の思想から切り離し、後者を第十九願の発菩提心、修諸功徳、至心発願欲生我国と結合した。第十九願を親鸞は「すでにして悲願有《いま》す。修諸功徳之願と名づく。また、臨終現前之願と名づく、また現前導生之願と名づく。また来迎引接之願と名づく。また、至心発願之願と名づくべきなり」（一左　408）と言っている。また「まず善信（親鸞）が身には、臨終の善悪をば申さず、信心決定の人はうたがひなければ、正定聚に住することにて候なり」（『末燈鈔』六)、あるいは、「信心まことにならせ給ひて候人は、誓願の利益にて候うへに、摂取してすてずと候へば、来迎臨終を期させ給ふべからずとこそおぼえ候へ。いまだ信心さだまらざる人は臨終をも期し、来迎をも待たせ給ふべし」(同一八)、あるいは「来迎は諸行往生にあり自力の信なるが故に。臨終といふことは諸行往生のひとにいふべし」(同一)という親鸞の消息はその証拠である。

さて来迎と諸行往生と、あるいは、臨終現前と至心発願との関係は、来迎・臨終現前が死の不安であることがわかればただちに明らかとなる。死の不安・無常感によって菩提心を発す(あるいは至心発願する)ことは仏教の典型的な求道過程であるからである。親鸞の著述や消息の中で、生《なま》のままの無常感を問題としているものはたいへん少ない。無常の問題も、つねに罪悪の問題と一つになった形であらわれてくる。われわれの今問題としていくのは、このような進んだ複雑な形態の無常感ではなく、もっとも単純な、例えば親鸞が「源空三五のよはひにて　無常のことはりさとりつつ　厭離の素懐をあらはして　菩提のみちにぞいらしめし」という場合の無常感である。この無常感と発菩提心との定型的な関係を次に幾らか分析してみよう。

われわれは死が期し難き不定さでわれわれを襲うと言った。しかし、死を不安ならしめる不定性は死が襲うときが未知であるということには尽きない。善導は上掲の「燈の風中に滅なんこと期し難きがごとし」という偈の少し後にまた「無常念々に至り恒に死王と居す」と言っている。死の期し難き不定さは、生が念々に死とともにいるときの感じである。無常感は「強健有力の時」に死を先駆するところに成立する。そこから、われわれは無常感が人生の全体に投げかける特殊の問いの性格を明らかにすることができる。この問いは生と死が無常感の中に正と負の電極のように並存し、互いに交流しながら勢位を嵩めていることによって成立している。一方では生は日常的な存在においては到達できなかった存在の全体性を死を通じて獲得しながら、しかもその全体を再び不安のあらわにする無の中に流してしまう。無常感において、われわれの日常的な関心の全体が（それと交渉する自己をも含めて）、その存在の意義について「何故に」と問いつめられる際に、無の枠に嵌め込まれた存在の全体が示す白けた興ざめた姿がそれである。しかし他方では、生は死を通じて勢位を嵩め、存在はかつて知らなかった問いの真摯のうちに全存在を凝結させる。無常感においては死は生によって先駆されるが、それとともに生の最後の点であった死が、逆に生に侵入し、生の根源的な根拠とさえなっている。そうして生はこの自己を包む死に鍛錬されて、硬い弾みのある問いの力となる。問いは率爾《そつじ》のものではない。それは現存在の深い根源的な気分とともに問われる。またこの問いを問うことが、決断であるとも自由であるとも、内的行為であるとも言われている。この問いは古い姿においては、人生の老病死苦に胸を打たれた後に釈尊に起こった問いであり、現代的に哲学的に整理された形においては、ハイデッガーの『形而上学とは何か』に巧妙に解明せられている問いである。要するに生と死とが火花を発するところにこの問いが成立する。われわれは、生と死とがこの問いの中に交互に媒介し合っていると言ってもよい。

しかし、この問いの根源的な無常感の気分の中には、行為的な生死の媒介よりも、いっそう自然的な分極の直接的同一性に近いところがある。第一に、無常感は雷のように選ばれた人の上に落ちる。そして、この選択には、運命を思わせる偶然性が潜んでいる。品性の気高さ、良心の鋭さ等の理由で、この人が将来無常感をもつに至ることを推定することはできない。もちろん高い木ほど落雷の可能性は多い。しかし雷は曲って落ちる。同じことを無常感は、運命的な出来事に対する直接的な体験であると言ってもよい。「汝無常を感ずべし」という言葉は少なくとも生のままの無常感には妥当しない。

第二に、無常感には強さの相違がある。生に侵入した、あるいは生によって先駆せられた死の力が、強ければ強いほど、またこれに対立する生の分極の力がそれに応じて、強ければ強いほど、両極の発する火花も大きい。しかし無常感自身は、それが強いものであればあるほど、この交互の関係について無自覚である。

第三に、無常感と問いとの間には断絶がない。無常感の根源的な気分そのものが、言葉で表わされるに先立ってすでに問いであるとも言うことができる。無に滲透された存在の全体が示す奇異性がわれわれを惹きつけ、驚異を喚び起こし、この驚異を根拠として「何故に」との問いが発生するとハイデッガーは言う。しかし注意してみると、不安の顕示する奇異性のうちにも、驚異のうちにもすでに問いが潜んでいる。もちろん問いが発生するまでのこれらの段階を区別することは、無意義ではない。しかし無常感が発する問いは、この三段階を一直線に進行して解決に到達するのではなく、問いはまた最初の奇異性へ振り戻されている。奇異性―驚異―問いの間で、問いは振子運動を行なう。そこに奇異性にも、驚異にも問いが潜んでいる所以があると思う。問いによって、問われる存在の全体はやや奇異となり、問いはますます驚異の念に打たれて、問いを問い続けることとなる。この問いの振子運動によって、問いの気分と、問いの決断・自由等と解されているものとの間の間隔も、同様に連続的につながれている。決断や自由は、われわれがこの問いを回避せず、奇異と驚異と問いとに、自己を委ね尽して、あくまで問いを問い続けることである。「無常感―問い―決断」「奇異と驚異―問い―問いを問い続けること」の間には、截然とした区別がない。ゆえに生死に関する問いは、それがいまだ問いの姿を取っている限り、たとえ自由・決断が問題になるほど勢位を嵩めたとしても、なお直接的であり即自的な生死の媒介であって、行為的とは言うことができない。

これに対して生死の問いがその側まできている自由・決断・行為を対自的とし、生死を真に行為的に媒介しようとするものが「発菩提心」であり、「至心発願」であるとわれわれは考える。問いを答えの追求として、実践的な求道に発展させたものが、真の宗教的実存の決断であり、自由であり、行である。それは無常感に端を発し、問いを媒介として成立する、対自的な行為的な生死の媒介である。発菩提心・至心発願の淵源が以上のようなものであれば、それが観想的、倫理的性格をもつことは当然のことであろう。すでに上述の問いが、ハイデッガーが巧みに示しているように、問う者と問われる対象との間に、単なる問いに見られない独自の止観的観想的構造を示している。発菩提心によって発起せられる定善（観想）は、この問いの構造をさらに一歩進めたものである。発菩提心が、問いが行為にまで発展した真の決断であるとすれば、それが倫理的な性格をもつことは言うまでもない。定善も散善も、ともに善として示されているのもこの理由によるものであろう。

われわれはいかにして「至心発願」するかを問い、臨終現前之願と呼ばれ、また至心発願之願と呼ばれている第十九願の「臨終現前」と「至心発願」との論理的な関係を明らかにしようとした。親鸞はこの点に関しては何事も語っていない。ゆえにわれわれの論述は、彼の思索の背景である七祖に、ことに法然にたよらなければならなかった。われわれはまた至心発願之願が修諸功徳之願とも呼ばれ、『観無量寿経』の定善と散善とがその内容となることの可能性をも、この論述の結果として示した。これらの叙述のうちでわれわれはほとんど『教行信証』にたよることができなかった。しかし、次の至心発願欲生の本質に関する問題については、われわれはただ『教行信証』のみを語らせれば十分である。

第二節　顕彰隠密の義

第十九願「設我得仏、十方衆生、発菩提心、修諸功徳、至心発願、欲生我国、臨寿終時、仮令不与大衆囲繞、現其人前者、不取正覚」という願文の中で、われわれは「臨寿終時」以下の文に死の不安を発見し、至心・発願・欲生の三心をこの無常感の根源から明らかにした。以上が第一の「われわれはいかにして至心・発願・欲生の三心を発起するのであるか」に対する解答であった。われわれは第二に、「この三心は何であるか」を明らかにしなければならない。

観想と道徳とを主題とする『観無量寿経』を第十九願の解明と親鸞が解したことについては、いくぶんこれに触れておいた。親鸞は、至心・発願・欲生の三心を解明する際に、それらを『観無量寿経』の「仏阿難および韋提希に告げたまはく、……もし衆生ありて彼の国（極楽国土）に生れんと願ふ者、三種の心を発せば即《すなはち》便往生す。何等かを三と為す。

一には至誠心、二には深心、三には廻向発願心なり。三心具すれば必ず彼の国に生る」という文の三心と置換してこれを解明していく。しかし、前者の三心が後者の三心と全く同一であると言うのではない。ある複雑な置換の手続が加えられて、初めて後者が前者を解釈することとなる。この複雑な手続が、実は三願転入の、したがってまた、「化身土巻」の全体の核心であって、方法であるとともに内実でもあるこの原理を、理解するか、しないかに、三願転入（ゆえにまた化身土巻）の解釈が成立するか、しないかが懸かっていると思われる。ゆえにわれわれは以下いくぶん詳細にこの手続を説明しつつ、問題の三心を明らかにしよう。手続とは、古来「化身土巻」の一論処として異説の多い顕彰隠密の義である。

われわれはまたさきに『観無量寿経』に解かれている道徳と観想とが、道徳や観想はそれだけでは宗教的であると言い切ることができないから、究極のところ、至心・発願・欲生の三心によって初めて宗教的意義をもつことをも述べた。この三心は、観想と道徳という内容に対して、これを宗教化する形式原理であると言うこともできよう。ところで、この形式と内容とを融合せしめるものがまた「顕彰隠密の義」である。ゆえにわれわれは以下に顕彰隠密の義を詳説することとしたい。

(一) 顕彰隠密の意義

『観無量寿経』は、その序分に王舎城の悲劇を物語っている。王舎大城に阿闍世という王子があって、悪友提婆達多と親しみ、結局は父王を殺し、母韋提希を牢獄に幽閉した。そこで韋提希が愁憂憔悴して、獄中よりはるかに釈尊を礼し仏の救護を求めると、忽然として釈尊がこの獄室の中にあらわれる。

時に韋提希、仏世尊を見たてまつり、自ら瓔珞を絶ち、身を挙げて地に投げ号泣して仏に向ひて白して言さく、世尊我宿《むかし》何の罪ありてか此悪子を生める。世尊また、何等の因縁ましましてか、提婆達多とともに眷属たるや。ただ願はくば世尊、わがために広く無憂悩処を説きたまへ。われまさに往生すべし。閻浮提の濁悪世をば楽《ねが》はず。此の濁悪処には地獄餓鬼畜生、盈満して不善聚多し。我願はくば未来に悪声を聞かじ。悪人を見じ。今世尊に向ひて、五体を地に投じ求哀懺悔す。ただ願はくば仏日、われに清浄業処を観ぜしむることを教へたまへと。

こうして、世尊は極楽世界、阿弥陀仏所に往生する方便として韋提希に観想と道徳を教える。

さてこのようにして説き起こされる観想と道徳に対する教説の中には、親鸞によれば、韋提希に対して顕らかである釈尊の語の部分の傍らに、釈尊と弥陀如来に対してのみ彰らかな部分が存在する。前者が顕の義であり、後者が彰隠密の義である。ところで「韋提（希）は即ちこれ女人の相なり。貪瞋具足の凡夫の位なり」（一四右 435）であって、第十九願の機の代表者である。ゆえに顕とはまた「第十九願の機に対して顕かなもの」の義となる。したがって彰隠密もまた、「第十八願の機に対して彰かなもの」の意義を有すると言うことができよう。『観無量寿経』にこのような両義性のあることを、親鸞は次の二点から主張する。すなわちまず彼はこの経の中で「第十八願に対して彰かな」彰隠密（親鸞はまた隠とか、隠彰とかという表現をもしている）の義が、どことどこに指示されているかを立ち入って述べている（六左・七左 419―421）。経典の解釈の細部にわたるから今は述べない。さらにまた次に、このような解釈は善導の『観経疏』の精神でもある。親鸞は若干の善導の文を引証して、自己の主張の権威とする。われわれはこれらの文をも割愛することとしよう（八右―九左 422―425）。

さてこのような顕彰隠密とはいかなる意義を有するのであろうか。われわれはさきに三願転入を主題とする「化身土巻」をヘーゲルの精神現象学に譬えた。今、顕彰隠密の概念をヘーゲルの現象学に因んで言えば、われわれは、これをこの学に独自な「意識に対して」と「われわれ哲学者（絶対知）に対して」という用語の意義に相当すると考えることができるであろう。ヘーゲルの現象的精神の自覚行は、いわばこの二つの照明の交錯するところに成立している。今これらの概念を仏教学的用語を用いていくぶん説明し、併せてわれわれがこのような用語をここに提出することが決して不自然でないことを明らかにしよう。

周知のごとく、ヘーゲルはシェリングの一切の差別を払拭する絶対観から出発し、このような絶対が相対より絶対に至る通路もなければ、また絶対より相対に還帰する道も閉ざされていることに気づき、シェリングの哲学を一歩前進せしめた。シェリングの叡知的直観による絶対の把握を、その絶対知は「ピストルから打ち出されでもしたかのようである」と非難し、かかる絶対者は「すべての牛が黒くなる夜」にすぎぬと嘲笑したヘーゲルは、相対的意識を絶対知へと導く過程を建設し、これを絶対知に必然的な媒介とした。精神現象学はこのような相対から絶対への通路である。ところで、同様のことが仏教の中においても繰り返し問題とされている。いわゆる大乗空観は、一切の差別を撥無する無差別であると説かれる。一切の相対を超越するのであるから、このような無差別・空は、シェリングの絶対と相似すると言うこともできよう。事実大乗空観の一応の完成者である龍樹、ことにその学派（中観派）に対して、瑜伽唯識派が加えた批評は、この学派が偏空に堕することであった。すでに龍樹の後、ほどなく成立し、その後瑜伽唯識派によって所依の経典とせられた『解深密経』（勝義諦相品第二）には、無自性空の勝義諦が顕揚せられているが、それとともにシェリング的な絶対観の偏空に対しては、ヘーゲル的な批評が下されている。その後唯識説が意図したことも相対と絶対との媒介を空観の地盤の上に積極的に建設することであった。しかして、このことは、空観そのものが十分展開していなかったとはいえ、無視していたことではなかった。そのゆえは単に相対と対立する絶対は、この対立のゆえに相対に堕し、絶対としての真の空用を発揮することができないからである。ゆえに龍樹においても、絶対知（勝義諦・第一義諦）を相対知（世俗諦）と媒介せねばならないことが強調せられた。龍樹の因施設といい仮というものはこのような勝義諦が、世俗諦に廻光返照せられ、勝義諦が自己を世俗諦において「知らしめ」「顕し出して」いくことであるという。龍樹が因施設によって十二支縁起や六波羅蜜を考えているとすれば、この十二支縁起が生死老病の人間の現存在を無明の実存的深淵にまで掘り下げて自覚し、自覚によって解脱していく過程であり、六波羅蜜が般若波羅蜜（絶対知―到彼岸知）に達する六段階であるがゆえに、因施設とは宗教的精神の自己内化の過程であることは明らかであろう。因施設、仮（名）が以上のような意義であるとすれば、そこでは廻光返照せられた勝義諦の光が、世俗諦の行く道を照らし示しこれを導き引き上げつつあることは明らかなことがらである。そしてこのような勝義諦がヘーゲルにおいては、「われわれ（哲学者、絶対知）に対して」と呼ばれ、世俗諦が「意識に対して」と呼ばれている。しかしてこの世俗諦より勝義諦への通路が施設せらることによって、勝義諦も勝義諦としての意義を初めて完了する。このことを示すものが龍樹の空・仮・中の三諦（『大智度論』初品第十二）である。空・仮・中の三諦円融の関係を、ヘーゲルの論理学・精神現象学・エンチクロペディの推論の推論式の関係にさながらの具体的な姿において展開するためには、後世の天台の洞察が必要であったにせよ、この立場はすでに龍樹のうちに即自的に存在していたと言えよう。[9]

そしてこのような絶対と相対との関係は、中国仏教においても見失われることはなかった。けだし大乗仏教の自利利他円満を成就し、実現することが使命であった中国仏教においては、この関係は当然つねに顧慮せらるべきものであった。

中国仏教の特色である権仮と真実との関係を（さらには世俗と勝義との関係を）明らかにするための教相判釈は、精神現象学の意義を荷うものであろうか。そして浄土真実に対する方便化身土は、親鸞の場合、彼の著名な二双四重の教判の骨格に、彼の宗教的体験の血肉を思う存分に加えたものである。ゆえにわれわれが、仏教の伝承である仮（名）の特殊な一具体化であるこの「化身土巻」に、宗教的精神の現象学を発見し、顕彰隠密の概念を以上のように解することは、少しも無理なことがらではない。

さて以上のごとき顕彰隠密の理解を、さらに次の順序で詳解しよう。(イ)顕彰隠密の存在する『観無量寿経』には、精神現象学的構造がなければならない。逆に、(ロ)三願転入(方便化身土巻)が、現象学的構造をもっているとすると、顕彰隠密は、この巻全体に通じる原理でなければならない。われわれは(二)において『観無量寿経』の観想と道徳との問題を略述しつつ、(イ)の問題を解明しよう。そして(三)において三願に対応する『観無量寿経』『阿弥陀経』『大無量寿経』の三経の顕彰隠密の関係を親鸞がいかに考えたかを略述しよう。この三経の顕彰隠密の問題は、後述のごとく『観無量寿経』の三心と、『阿弥陀経』の一心と、『大無量寿経』の三心との関係を中心の課題としている(六左―二〇左 419―449)。ゆえに(ロ)の問題は、これを詳細に考えるためには、結局上述の『観無量寿経』の三心の顕彰隠密の意義を明瞭にすることから出発し直さねばならない。また『観無量寿経』の三心を顕彰隠密的に理解すると、単に第十九願のみならず、三願全体の骨組みをも大要理解することができる。われわれは節を改め、第三節、三心釈の顕彰隠密においてこの最後の重要な課題を取り扱うこととしたい。

(二) 顕彰隠密による『観無量寿経』の現象学的構造

さて『観無量寿経』に説かれる観想とはいかなるものであろうか。さきの韋提希の願いに応じて仏は観想の仕方を説き始める。

仏韋提希に告たまはく、汝および衆生、まさに心をもつぱらにし、念を一処に懸て西方を想ふべし。如何が想を作す。凡そ想を作すとは、一切衆生、生盲に非ざるよりは、有目之徒、皆日没を見よ、まさに想念を起し正坐西向して諦《あきらか》に日を観ずべし。心をして堅住にして専想不移ならしめ、日の没せんと欲して、状、鼓を懸けたる如くなるを見よ。すでに日を見ることを已らば、閉目開目に、みな明了ならしめよ。これを日想となし、名づけて初観といふ。

次に水想を作せ。水の澂清なるを見、明了にして分散の意なからしめよ。すでに水を見已らば、まさに氷想を起すべし。氷の映徹せるを見て瑠璃の想を作せ。この想を成じ已らば瑠璃地の内外映徹せるを見よ。

瑠璃の大地の底に七宝の金幢があって、この大地をささげながら百億の日月のごとくに燈っている様を見よ。大地の上にも虚空にも、さまざまの宝玉の飾が華のごとく、星や月のごとくに輝く。以上が第二観である。次に宝樹があり、宝池がある。蓮華の仏坐があり、紫金の光まばゆい阿弥陀仏、観世音、大勢至菩薩がいます。……インド的な想像も及ばないような、壮大なしかも錯雑した絵巻物が展開せられる。われわれはこれ以上立ち入って叙述する必要もないであろう。ところで注意していると、このさまざまな彼岸の世界の荘厳の中で、「鼓を懸けたるが如き夕日」が、あるときは億千の日の輝きの強さで、他のときは星や月の淡さで、絶えず繰り返し繰り返し音階を変えつつ、あたかもそれが全体のモチーフであるかのようにあらわれてくるのに留意される。そしてこの初観の日想観は、最後の第十六観において、死の瞬間に「日輪のごとくにしてその人の前に住《とど》まる」仏の来迎の姿としてもう一度印象的に語られている。そこで『観無量寿経』に説かれている一切の錯雑したさまざまな観想的志向の作用綜合（心理的観念連想的な綜合ではあるが）を、われわれはその基底に還して、初観の日想観の原始領域において以下に考察することとしよう。

特にインド的な風土の下において、落日がどのような冥想に誘うものであるかをわれわれは知らない。しかし容易に想像できることは、焼くような日中の苦しさと、夜の死の闇黒との境界にあって、夕べは憩いの一時であることである。生活の苦悩にさながらの埃っぽい萎えた烈日の下の森羅万象は、迫ってくる闇のうちに吸われてしまい、美しい色陰を帯びた世界には、緑の色が清涼の風に息づきつつ、くっきりと映えて浮かぶ。夕べは絵画的な一時である。夜には、しかしながら、悪獣毒蛇が身辺に迫ってくる死の戦慄がある。夕べがこの二つの苦の領域を限界する、たちまちにすぎ去る安楽の一時であることがいかに人々の憧憬をかき立てることであろう。おだやかな風土の国においても、夕べは憧憬の情を喚び起こす。詩想の翼を駆って落日を追跡したいと願ったファウストの嘆きほどではなくとも、もし心静かなる夕べ、専念に日没をながめる者は、誰しも憧憬が胸に疼くのを感ずるであろう。そしてこのような体験が一段と強烈となったものを日想観とすれば、この憧憬的志向作用においてはこの作用そのものが対象と融合しこれと一体となっていることも明らかである。対象は落日であり、落日の没していく美しい彼岸の世界である。志向作用は、詩想的、唯美的熱情《パトス》である。それは此岸的な欲求ではない。埃っぽい、熱っぽい現世的情熱と対比すると、そこには、夕日の輝きと一つである冷やかなる熱情とでも言うべきものが、たしかに存在する。現世的情熱からは絵画的に抽象せられた美しい憧憬の熱情が、夕日のうちに融け入りながら、夕日とともに燃え上がり、恍惚とわれわれを落日の彼方の世界へ将し去る。さらにこの恍惚にまといつく感傷を反省すると、明らかにわれわれはさきの二つの苦の領域（生への倦怠、死への不安）が、匂いのごとくにこの志向作用の内に立ち込め、これを裏付け、燃えたたせていることを知るであろう。『観無量寿経』が発起序で教えたものは、韋提希のこのような憂愁であった。韋提希の生への倦怠（厭離穢土の気分）は、切実な言葉で表現されている。死の不安は、ここでは表現されていないが、現世否定の気分そのものがすでに死の恐怖と一体である。何となれば王妃の幸福を一朝にして奪われ、悪子のために投獄せられた彼女の不幸な運命を通じて、現世そのものの否定にまで達するためには、一方においては、彼女の思惟が現世における個々のものに対する絶望の痛みを、現世そのものにまで拡大する熱情的な弾力をもっていなければならないが、他方また、死の不安が存在しなければならない（人間はただ死によってのみ一切の現世的なものを剝奪せられることができる。その限り人間はただ死に対する不安においてのみ、現世的なるもの一般に絶望しうるのであって、その他の場合にはただ現世的なるある物について絶望するだけにすぎないのであるから）。それほど持って回った議論をしなくとも、来迎の問題（死の不安）が『観無量寿経』の中心の課題であること、および『観無量寿経』的な観想・道徳と死の不安とが本質的関連にあることについて、われわれはすでにこれを論じた。そうして『観無量寿経』的な観想、道徳の主体が韋提希である。

発起序の王舎城の悲劇についての生々とした叙述の後で、韋提希の愚痴に近い懺悔の告白を日想観に翻転していくあたりの、この経の作者の溢れている豊かな詩想は注意すべきものであろう。が、さらに注意すべきことは、『観無量寿経』がインド的・冥想的・観想的宗教を日想観という形態で説き出したということである。もし（観想的）宗教的志向作用の徴表を、⑴その志向の世界超越性、⑵ただ神的なものによってのみ充溢せられること、⑶自己を開示し、自己を付与する神的性格の存在者をひたすらに受容する、等で言い表わし、神的なるものを自己存在的永遠性（aeternitas）、聖、等と規定し、それと随伴的に主観の虚無の体験、聖の陶酔的感動をあげるとすると（シェーラー）、このような宗教的志向作用に本質的な特質は、この世ならぬ夕陽をながめる日想観のうちにことごとく存在すると言ってよい。『観無量寿経』の成立は、比較的後期のことであるとせられている。少なくとも華厳・法華経等の、『観無量寿経』に説かれている「大乗方等経典」の成立以後であることは明らかである。すでに『観無量寿経』が予想する「華厳三昧」等の思惟の根本性格をおそらく日想観的に理解したのであろう『観無量寿経』のこの独自の視点によって、この経が観想の領域から道徳の領域へ、道徳の領域から極重悪の自覚と本願による救済の問題へと、次第に宗教的実存の自覚を深めていく「現象学的」な構造を成立せしめることができたのであろう。『観無量寿経』は日想観を基礎として次第に志向作用の綜合を積みながら、かえってかかる観想の世界（定善）から、道徳の世界（散善）へと移行していく。しかし表面の文意においては、観想と倫理との関係も、またそれらと極重悪人の自覚とその弥陀の本願による救済との関連も、十分明瞭とは言い切れない。客観的に観察すると、『観無量寿経』は観想的宗教の段階にありながら、倫理的宗教を、さらに大慈悲の宗教を暗示していると言うべきであろうか。あるいはせいぜいこれらの宗教形態を観想的宗教に熔接しているにすぎない。

しかしながら、宗教的実存への傾向が存在する者にとっては、この暗示の方向は見失われることがなかった。智顗や嘉祥の中国仏教哲学の第一人者たちにこの経の疏を製作させたのもまたかかる事情であったであろう（行三一右―三六右、および信末一一左―一二左）。けれども真に浄土教的立場からの視点が、これらの疏のそれと異なるところは、この顕かでない倫理的宗教の立場を端的に標榜しえた点に存在する。すなわち、この経の解釈の場合でも、生死の問題を解脱智によって解くことを、あくまでもその主眼とした聖道門的立場に対して、この経によって倫理的自覚を突き詰め、その究極の問題である極重悪の自覚を、大慈悲の本願によって脱しようとしたところに、後者の宗教的立場の前者に対する決定的飛躍ないし深化が存在する。『観無量寿経』のこの倫理的な解釈がいかなるものであるかは、第三節において善導の『観無量寿経』の三心釈を解明しつつ明らかにすることとしよう。われわれは今、ここではただ次のことを注意するにとどめよう。

観想的宗教の立場においては、信は一切の修行の前段階である。信は一切の修行をなすための必要欠くべからざる心の状態として尊ばれはするが、また単に予備的なるものとして必然的に軽くあしらわれる。この際には信の表現としての念仏もまたこのような意義において理解される。例えば『大乗起信論』の念仏はこのような理解に基づいて説かれている。これに対して倫理を通じて愛にまで徹底した宗教にとっては、信は宗教の機微を、最後で最初のものを表現する唯一の言葉である。ゆえにこのような信の表現としての念仏は、一切の雑行雑修と「あれかこれか」の関係に立つ。法然が強調してやまなかった廃立の念仏や、親鸞が選びとり択び捨つと解した選択本願の念仏は、このような宗教の最後の立場を信に発見した念仏である。ここに宗教的実存と観想的宗教哲学者との判然とした差異が存在する。前者は、法然のごとく、この経に迫られて、宗教的決断を行ない、選択本願の念仏に「決定して」自己の身心を投入するものである。したがって、このような体験が定善と散善とに中和的微温的態度をとることを許さないのは当然である。

そこでこの立場では、法然のごとくに『観経』の定散の二善は「廃して念仏に帰せしめんがために説く」とするか、あるいは親鸞のごとくに、『観経』の定散の二善は自己の既往に止揚してきた宗教的体験の諸段階であるとして、これを宗教的精神の現象学的構造において理解するよりほかはない。後者の場合、それぞれの段階は、宗教的経験がその立場にとどまっている間は、真理の確信を有するものであったが、宗教的決断の深い体験を得るに至った今では、当然否定されねばならなくなったものである。しかもそれらの否定された体験も、この頂上に達するために欠くことのできぬ一歩一歩であった。ゆえにその一歩はいまだ達せぬ者には勧励されねばならず、達し終わった者には「廃立」が説かれねばならない。この二の立場の差異がすなわち顕彰隠密である。法然・親鸞の見解はともに同様の宗教的体験を出発点とする。ただ『観無量寿経』の解釈としては、この経が定散の二善を勧励しているのであるから、客観的に見ればいずれも強弁ではあるが、後者の方がいっそう経そのものに適切であるとも言えよう。

以上の『観無量寿経』に対する見解を、われわれはもう一度親鸞自身の言葉によって、たしかめておきたい。まず親鸞は『観無量寿経』全体の見通しについては次のごとく述べている。

釈家の意によつて無量寿仏観経を按ずれば、顕彰隠密の義あり。顕といふは、定善散善を顕し、三輩三心を開く。しかるに二善三福は報土の真因にあらず。諸機の三心は自利各別にして利他の一心にあらず。如来異の方便、忻慕浄土の善根なり。これは経の意なり。即是顕之義也。彰といふは、如来の弘願を彰し、利他通入の一心を演暢す。達多闍世の悪逆によつて釈迦微笑の素懐を彰す。韋提別選の正意によつて弥陀大悲の本願を開闡す、斯乃此経の隠彰の義也。（六右―左　418―419）

爾れば、光明寺和尚の云く、しかるに娑婆の化主（釈尊）その請によるが故に浄土の要門を広開し、安楽の能人（弥陀如来）別意の弘願を顕彰す。その要門とはこの観経の定散二門是なり。定は即ち慮を息めて以て心を凝し、散は即ち悪を廃して善を修す。この二行を廻して往生を求願せよとなり。弘願といふは、大経の説のごとし。（八右　422）

そして顕の定善は、「観を示す縁也」であって、単にこの経に説かれている、日想観を基底とする特殊な色想観だけが問題なのではなく、「息慮凝心」の観想一般が色想観を縁として問題にされているのであると彼は考える。なお他の場所で観想一般を、彼は有念と無念とに分類している。有念とは「いろかたちをおもふにつきて云ひ」、無念とは「形をこころにかけず、色をこころに思はずして、念もなきをいふなり」と言っている。有念とはここでいう色想観のことである。高度に発達した観想の形態が、しばしば無念的であるとしても、その原初的性格はつねに有念的・色想観的であることは言うまでもない。ゆえに、さきにも見てきたごとく、単に対自的な高度の観想の立場からではなく、観想を止揚した即自且対自的な親鸞の立場から、観想の根本性格が回顧的に再び問題とせられる場合には、かえって即自的な色想観が観想の代表となるのは極めて当然である。

顕の散善は、同様に「行を顕す縁也」であって、「廃悪修善」の行（道徳・倫理）一般が、散善に代表せられている。『観無量寿経』は九品類に分かって散善を述べているが、そのうち大乗・小乗・世間の善が列挙せられているから、この経の散善が行一般を代表することには少しの無理もない。

さて定散の二善を修した結果はどうであろうか。

しかるに常没の凡愚、定心修し難し。息慮凝心の故に。散心行じ難し。廃悪修善の故に。ここをもつて立相住心（色想観）猶成じ難きが故に、縦《たとひ》千年の寿を尽すとも法眼いまだかつて開けずと言へり。何かに況んや無相離念（無念）誠に得難し。故に如来懸《はる》かに末代罪濁の凡夫を知ろしめすに、立相住心なほ得ることを能ず。何かに況んや、相を離れて而して事を求むるは、術通無き人の空に居して舎を立つるが如しと言へり。（一六右—左　439—440）

ゆえに親鸞は『観経』に対する結論として、

爾れば、それ楞厳和尚（源信）の解義を按ずるに、念仏証拠門の中に、第十八願は別願中の別願なりと顕開し、観経定散の諸機は極重悪人唯称弥陀と勧励したまへり。

濁世の道俗よく自ら己が能を思量せよと。しるべし。（六右　418）

と言う。

『観無量寿経』の定散の二善は、「如来、異の方便、忻慕浄土の善根」（六左　419）であり、それらは衆生の機根に応じて説かれたものである――例えば経の初めの「如是」の字の意義を解して善導が次のごとく述べているのも、親鸞の解釈によればその意味である。

また如是と言ふは即ち如は法を指す。定散両門の法也。是とは即ち定むる辞なり、機行ずれば必ず益す。これは如来所説の言錯謬なきことを明かす。故に如是と名づく。また如といふは、衆生の意の如し。心の所楽にしたがつて仏すなはちこれを度し給ふ。機教相応せるをまた称して是となす。故に如是といふ。また如是といふは、如来の所説を明かさんと欲す。漸を説くこと漸の如く、頓を説くこと頓の如く、相を説くこと相の如く……一切法を説くこと千差万別なり。如来の観知歴々了然として、心にしたがつて行を起して、おのおの益すること同からず。業果法然として衆て錯失なし。また称して是となす。故に如是といふと。（八左―九右　423―424）

ゆえに、衆生のそれぞれの段階機根に応じて益するところはあるのであろうが、結局最後の立場、隠彰の義から見ると、定散の機は、自己の根源悪に無知なるものであり、

定散共に廻して宝国に入れ。即ち是（定散は）如来の方便なり。韋提は即ちこれ女人の相なり。貪瞋具足の凡夫の位なり。（二四右　435）

というのが弘願の真実よりの見方である。したがって、究極の益とは、定散の善人に宗教的実存の罪の意識に到達せしめ、廻心懺悔して如来の本願に帰依せしめることに帰着する。――如是の言葉も、後述のごとく最深の意義は「善信する相」である。

以上の叙述によって、われわれは、『観無量寿経』は顕彰隠密の義によって、精神現象学的な構造をもち、宗教的実存への自覚の深化を示していると言うことができる。

(三)　三経における顕彰隠密

しかし、以上の『観無量寿経』の顕彰隠密の義による精神現象学的構造は、この経だけをとって考察する際には、それほど明瞭なことがらではない。観想の澄める鏡は一切の深さを同一平面に納めてしまう。ゆえに平面的な観察者に対しては、浅いものが深いものと

重なり合い混じり合うこともまたやむをえない。ただ宗教的実存がこの経に面するとき、彼は自己の深さを基準にして、この経に映じている一切に、深浅の判断を正確に行なうことができるのである。裏から言えば、『観無量寿経』は、宗教的実存の具体的な立体的な姿を映ずるためには、いまだ不十分であるとされねばならないであろう。宗教的実存の深い姿は、『観無量寿経』『阿弥陀経』『無量寿経』の三願に応ずる三経によって照らし合わすとき、初めて如実に、この三面鏡に映じる。親鸞は『観無量寿経』における顕彰隠密の義を拡充して、「観経に准知するにこの経(『阿弥陀経』)にまた顕彰隠密之義有るべし」(一九右―左 446)と言い、顕の義は観想と道徳を棄てて第二十願の名号を執持することであるとし、彰の義は、この名号を決断して執持する場合の自利の一心を自覚し懺悔して、他力の大信海に転入し第十八願の信楽に帰することであるとする。親鸞はまた『阿弥陀経』中の二、三の語と、善導の釈のうちで、第二十願を顕しつつ第十八願を隠彰しているものを指示している。

すなわち『阿弥陀経』の顕彰隠密とは、

顕といふは、経家は一切諸行(定散)の少善を嫌貶して善本徳本の真門(念仏)を開示し、自利の一心を励まして難思の往生を励む、ここを以て経には多善根多福徳因縁（をもって名号をとなふ）と説き、釈には九品倶に回して不退を得よといへり。或は、無過念仏往西方三念五念仏来迎といへり、これは是この経の顕の義を示すなり。これすなはち（第二十願）真門の中の方便也。

彰といふは、真実難信の法を彰す。これすなはち不可思議の願海を光闡して無礙の大信海に帰せしめんと欲《おぼ》す。まことに（阿弥陀経にとかるる如く）勧めすでに恒沙の（諸仏の）勧なれば、信もまた恒沙の信也。故に甚難といへる也。釈にただちに弥陀の弘誓の重れるを為《も》て凡夫をして念ずれば即生ぜしむることを致すといへり。斯はこれ隠彰の義を開く也。（一九左　446―447）

と。この親鸞の私釈がその綱要をよく示している。

さて、顕彰隠密の義をこのように『観無量寿経』より『阿弥陀経』に拡充していく場合に、他面また顕彰隠密の取り扱うべき問題の中心がそれによって判然としてくる。『阿弥陀経』は、親鸞によれば「斯経は大乗修多羅中の無問自説経也。爾れば如来世に興出し給ふ所以は、恒沙諸仏の証護の正意は、ただ是に在る也」であって、この経は『観無量寿経』のごとくに、韋提希の質問に仏が応答する形式ではなく、仏一人聴き手の舎利弗に呼びかけつつ無問自説する。したがって、この経では顕彰隠密の義がところどころに散在せずただ自利の一心の問題に集注している。そしてこの「一心」の問題の顕彰隠密の義、すなわち第二十願の一心と第十八願の一心とを弁別し、一方では第二十願の立場において第二十願の意識に明らかなその本質（顕の義）を示しつつ、他方また第十八願の立場から廻光返照してこの一心を解明する（隠彰の義）ことが、第二十願の至心・廻向・欲生の三心の構造を明らかにすることとなる。そのことによって、それと関連して第十九願の至心・発願・欲生の三心も、『観無量寿経』の多くの顕彰隠密の箇所の中から、特に、至誠心、深心、廻向発願心に関する顕彰隠密によって解明されうることが推定される。こうして『観無量寿経』の三心が第十九願を顕彰隠密によって解釈するものとして、『観経』全体の中から特に抉出される。親鸞は、第十九願、第二十願を解明する顕彰隠密の義を、第一に「問ふ大本（『無量寿経』）の三心と観経の三心と一異云何ん」（六右―一九右　419―445）の問答釈として、第二に「問ふ大本と観経の三心と小本（『阿弥陀経』）の一心と一異云何ん」（一九右―二〇左　445―449）の問答釈として詳説している。

親鸞の解答は、形式的な結論をさきに述べるとすれば、第一の課題に対しては、

> 二経の三心は、顕の義によれば異り、彰の義によれば一也。三心一異の義答へ竟んぬ。（一九右―左　445）

と結論される。第二の課題に対してもほぼ、同様の解答を与えるが、第一の課題を顧慮しつつ、次の意義深き言葉を語っている。

是をもって四依弘経の大士、三朝浄土の宗師真宗念仏を開て濁世の邪偽を導く。三経の大綱顕彰隠密の義有りといへども、信心を彰して能入となす。故に経の始に如是と称す。如是の義は善信する相也。いま三経を按ずるに、皆金剛の真心をもつて最要とせり。真心は即是大信心也。大信心は稀有最勝真妙清浄なり。何をもつての故に。大信心海は甚だもつて入り難し。仏力より発起するが故に。真実の楽邦ははなはだもつて往き易し。願力によりて即生ずるが故に。今まさに一心一異の義を談ぜんとす。まさにこの意なるべき也。三経一心の義答へ竟んぬ。(二〇右—左　448—449)

と。

第三節　三心釈の顕彰隠密

今や懸案の課題を解決すべきときとなった。われわれはこれから『観無量寿経』の至誠心、深心、廻向発願心の顕彰隠密の義を明らかにしつつ、第十九願の至心・発願・欲生の三心を解明していくこととしよう。

(一) 三心釈の顕彰隠密

『観無量寿経』の至誠心、深心、廻向発願心をいかに考えるべきかについては、親鸞は他の浄土の宗師たちと同様に善導の三心釈を依拠としている。ところで善導は三心の釈において大きな矛盾を犯している。と言うよりもむしろ、自己の深い体験に即してこの観経の要点を註釈するために、大胆に矛盾した表現を駆使して、最後の生ける統一の作用を、読者の宗教的実存に委せたものと考えるべきであろう。曽我量深師の鋭い洞察によると(『伝承と己証』一七八頁)、この三心は、信の一心の三相として、過去・現在・未来の三相に相当する。そこに、三心が同時に一心であらねばならない理由がある。信仰の現在のもつ過去・現在・未来の三契機の相関については、親鸞は驚くべき精密な反省を信巻に展開している。われわれは第十八願の信楽が示す、このもっとも深い信仰の三心・一心の相即を、後に「浄土真実」を解明する他の機会に詳しく論ずることとしたい。が、本書においてわれわれが問題とする第十九願、第二十願も、またそれぞれの願に固有な――至誠心(過去)、深信(現在)、廻向発願心(未来)の――三契機の統一(三心一心の相即)を保持している。そして善導の三心釈は、その統一のない矛盾のままの表現によって、これら三願に相応する三つの統一の仕方を、第十九願の統一より第十八願の統一に至るまで、一挙に包括的に自己に内蔵するものと考えられる。

まず、至誠心は、善導の解釈に従えば、

至とは真、誠とは実也。一切衆生の身口意業に修する所の解行、必ず須く真実心の中に作すべきことを明かさんと欲す。外に賢善精進の相を現じ内に虚仮を懐くことを得ざれ。貪瞋邪偽奸詐百端にして悪性侵《や》め難きこと蛇蝎に同じきは、三業を起すといへども名づけて雑毒の善となす。また虚仮の行と名づく。真実の業と名づけず。もしかくの如き安心起行を作さん者は、仮令《たとひ》身心を苦励して、日夜十二時急に作すこと、頭燃を灸《はらう》が如くする者も、雑毒の善と名づく。この雑毒の行を廻して彼仏の浄土に生ぜんことを求めんと欲するは、これ必ず不可なり。何を以ての故に。正しく彼の阿弥陀仏の因中に菩薩行を行ぜし時、乃至一念一刹那も三業の修したまふところみなこれ真実心の中に作したまふ。およそ、施為趣求したまふところ、みな真実なるに由りてなり。

要するに良心の真実清浄を尊び、外儀の姿に拘わらぬことを強調するものであろう。われわれは内心の道徳法に対するカント風の森厳主義の敬虔が説かれていると考えてよい。ただし注意すべきことは、単に道徳法に対する服従が当為として説かれているのではなく、問題はこのような当為の実現に身心を苦励している起行者にかかわっていることである。ゆえに良心の声は、汝の行は真実であったか。汝の所修の行為は雑毒ではなかったか、と尋問する。そしてこのような検討の標準となるものも、阿弥陀仏の因中の菩薩行の清浄さ、真実さである。ゆえにわれわれはこの意味においても、至誠心の良心を深く過去性に関係するものと規定することができる。もちろん、この過去性には、当為の未来性や起行の現在性が欠如しているのではない。かえって道徳の種々の立場が――当為を中心とするにせよ、起行を中心とするにせよ――絶えず纏綿せられている両契機の分裂を止揚した、この良心の深い過去性のうちには、当為と起行とが一如ならしめられている根源性と具体性が具わっている。良心の過去性はさらに次のことを考察するといっそう明瞭となるであろう。

さて、以上のごとき良心の批判に果して何人が堪えうるであろうか。良心の声に傾聴する者は、必然的に根源的な自己の罪障を自覚せざるをえない。良心は負い目を語ると言われる。そうしてこの負い目のもつ被投性・過去性は、輪廻的罪障観のうちに際立ってあらわれている。ヘーゲルが良心において、美しき魂と、悪とを紙一枚の差異と考え、「良心と悪という二つの直接的に移入し合う形」を、道徳の尖端として考えたことは意義深い洞察である。良心の立場はこの善悪の転換点であるから、また、道徳の宗教への移行点でもある。後述するごとく親鸞は善導の真実なる魂（至誠心）の主張を色読し、これを換骨奪胎して罪障の懺悔の文とした。われわれは、親鸞のこの解釈のうちに良心と悪との本質的関連を見出すことができる。ともかく、善導は至誠心において、厳粛な解脱のための道徳の真実を、力強く語っていると言えよう。

第二に「深心といふは即是深信之心也。また二種あり。一には決定して深く信ず。自身は現に是罪悪生死の凡夫にして曠劫より已来常に没し常に流転して出離の縁有ること無しと（機の深信）。二には決定して深く信ず。彼の阿弥陀仏四十八願をもて、衆生を摂受したまふ。疑ひ無く慮無く彼の願力に乗じて定て往生を得んと（法の深信）」。この深信が宗教的決断（の現在）であることは、善導が引き続きさらに懇切に深信の相を解説する語を参照すると極めて明瞭である。だがここでは長文の引用を割愛しよう。

第三の「廻向発願心とは、（第一に）過去および今生の身口意業に修する所の世・出世の善根とおよび他の一切の凡聖の身口意業に修する所の世・出世の善根とを随喜せると、この自他所修の善根をもて、悉く皆真実深信の心中に廻向して、彼国に生ぜんと願ず。故に廻向発願心となづく。また（第二に）廻向して生ぜんと願ずとは、必ず須く決定して真実心の中に廻向し、得生の想を作さんと願ふべし」と註されている。

しかるに善導の三心釈の文は、これを静かに読誦する時、忽ち二箇の大疑問に接触せねばならぬ。第一は至誠心と機の深信との撞著であり、第二に法の深信と廻向発願心の撞著である。

まず至誠心と機の深信との撞著とは何であるか。すでに至誠心とは過去の行為に対して内・外相応して真実清浄なりと自覚するもの。しかるに転じて深くつらつらわが身の真価を反省して、現是罪悪生死凡夫、無㆑有㆓出離縁㆒のものと信知するが自我観である。即一は自ら一点の虚偽なき自己を自照し、他は徹頭徹尾虚偽なる自己を観照する。……次に法の深信と廻向発願心との撞著は云何。廻向発願心は自他一切の善を惣じてわが未来往生の目的に廻向せんとするもの。しかるに法の深信は弥陀の四十八願の力に乗じて自然に往生定得の信念に住するものである。かくて深信願力の人の前には他の善は不要であり、したがって廻向発願心は全く不要欲求であり、この不要の願心を要するものは正しく本願力を信ぜざるものであると断言し得るのである。(『伝承と己証』一八二―一八三頁)

曽我師によれば、この矛盾を真に自覚した者は古来親鸞のみであった。彼はこの矛盾を二様の形式を用いて止揚の途を開いた。第一の方法は破天荒な親鸞独自の送り仮名によって上の至誠心の釈を次のごとく読み替えたことである。「至とは真なり。誠とは実なり。一切衆生身口意業の所修の解行、必ず真実心の中に作したまへるをもちひ（須）ん事を明かさんと欲す。外に賢善精進の相を現ずる事を得ざれ。内に虚仮を懐けばなり」。そこで真実なる魂の主張は一転して根源悪の自覚となり、身口意三業の真実清浄は、衆生の方を離れて仏辺に帰した。すなわち衆生は自心を策励して清浄真実心を確保せよ、という善導の訓言は、法蔵菩薩の清浄真実心の廻向である名号を須《もち》いよとの意に翻転された。このように至誠心を仏の方よりの廻向と考えることによって、廻向発願心もまた、全然新しい意義を帯びるに至った。親鸞は、機法の深信に相応する語としては第一の釈文「過去および今生の身口意業に云々」を捨てた。そして第二の文を採用した。親鸞独自の読み方に従えば、この文は、「廻向発願して願生するとは、必ず決定して真実心中に廻向したまへる願を須ひて、得生の想を作せ」と送り仮名すべきである。そこでこの読み替えによって至誠心と機の深信、廻向発願心と法の深信の矛盾は止揚せられることができたのである。

　しかしこの読み替えは、単に恣意的に新しい意義とすりかえたのではなく、親鸞の理解が善導の釈文の弁証法的相関者であることは、さきに、至誠心の真実清浄と、根源悪の自覚との関係について述べたのと同様である。真に良心的に至誠心であることを追求する者のみ、内の虚仮を自覚する。ひたすらに自己の身口意業の善根を廻向して浄土に生ぜんと願ずる行者のみ、この発願の限界に撞著し、自力的なるものに本質的な自己矛盾に悩み、かえって絶対者の側からの廻向に乗ずることを知る。ゆえに親鸞の矛盾の止揚ないし解決は、善導の精神を顕揚することであって、決して逸脱することではない。

親鸞も彼の解釈が、善導の釈文の止揚であることを十分自覚している。すなわち彼の自覚によれば（第十八願の信楽に相当する）深信釈の相応するごとく止揚せられた彼の三心釈は、善導の三心釈の隠密の義であり、顕の義である善導の文面は、第十九願、第二十願に対するものである。善導の三心釈の矛盾は、三願転入の過程によって具体的に止揚せられる。このような立場から親鸞は第二の方法を採用した。それは上述の三心釈の本質的解明に続いて、善導が三心のそれぞれについて、その相を示している善導の註釈の語をずたずたに截断して、ある者は第十九願に、ある者は第二十願に応ずる顕の義であり、他の者は第十八願に応ずる隠彰の義であると考えた。ゆえに善導の三心釈は顕彰隠密の視点から見るとき、三願転入に相応する三層を混えてもっていることとなる。ゆえに一見自己矛盾する善導の三心釈は、三願転入する宗教的実存の自覚の弁証法によって、主体的に統一せられていることとなる。以上が親鸞の三心釈に対する顕彰隠密の考えであり、「二経の三心は、顕の義において異なり彰の義において一なり」と彼が語る所以である。

㈡ 三心釈の顕の義

第十九願の至心・発願・欲生の三心に相応する三心釈の顕の義について述べよう。善導は、さきの至誠心の体を釈した文の後に、その相として至誠心に利他真実と自利真実とがあることを述べている。親鸞によると、利他真実は第十八願に相応する。ゆえにここで問題となるのは自利真実の釈のみである。

またいはく、真実に二種あり。一には自利真実、二には利他真実なり。自利真実といふは、また二種有り。一には真実心の中に自他の諸悪及び穢国等を制捨するに、行住坐臥に一切菩薩の諸悪を制捨するに同じく我もまた是の如くせんと想ふ。二には、真実心の中に、自他凡聖等の善を観修す。真実心の中に口業に彼の阿弥陀仏および依正二報を讃嘆す。また真実心の中に口業に三界六道等の自他依正の二報苦悪の事を毀厭しまた一切衆生の三業所為の善を讃嘆す。もし善業にあらずば、敬て而も遠ざかれ。また随喜せざれと。また真実心の中に身業に彼の阿弥陀仏および依正二報を合掌礼敬し四事等をもて供養す。また真実心中に身業にこの生死三界等の自他の依正二報を厭捨す。また真実心の中に、意業に彼阿弥陀仏および依正二報を思想観察憶念して、目前に現ずるが如くす。また真実心の中に、意業にこの生死三界等の自他の依正二報を軽賤し厭捨す。（九左―一〇右　425―427）

『愚禿鈔』によれば、親鸞は自利真実の一を厭離真実と名づけ、二を忻求真実と名づけている。厭離真実は「厭離を先とし忻求を後とす」として、一般に聖道門自力主義の特色であるとしている。一般に当為の立場に立つ自力主義の自由が、「汝なすべからず」という制捨厭離に自己の真実を求め、例えば永遠の理想を忻慕するとしても、理想は超越者の意義をもたない内在的な存在にとどまり、結局は厭離を主とする自力の影にすぎないのであるから、何よりもまず自力主義による自己否定、当為の制捨に、真実を強調することを思えば、親鸞の規定は当を得たものである。自利真実の二、忻慕真実は「浄土門、易行道、他力横出の義」である。「忻慕を以て本と為す。何を以ての故に。願力によつて生死を厭捨せしむるが故也」と彼は説いている。ゆえに無常観によって発起された第十九願の精神は、もちろん両契機を包含するのではあるが、厭離真実よりは忻慕真実に近い。

第二の深心についてては、機法二種の深心は第十八願に相応する。ゆえにここでは善導の深心釈の中から、「又決定して釈迦仏、此観経三福九品定散二善を説いて彼の仏の依正二報を証讃し、人をして忻慕せしむと深信す」「又深信とは決定して自心を建立して教に順じて修行す……」(一〇左　427)等が引用される。『礼讃』の三心釈の引用文からは、深信の部分は全部省略せられている(一一左—一二左　430—432)。本来的な意義の深心は第十九願には存在しないからである。

第三の廻向発願心については、さきに引いた「過去および今生の身口意業云々」の文が引用せられている。要するに忻慕真実の清浄真実さが中心である。深信とは、この真実を自心に建立することであり、廻向発願心とは、「此の真実深信の中に身口意三業所修の善根を廻向して、彼国に生ずる」ことを願うものである。そしてこの忻慕真実は『観無量寿経』の定善・散善の全体に通ずる原理である。このことは『観無量寿経』の中から、特に三心を取り出して、全体の原理とした善導の精神である。そしてこのような視点こそ、『観無量寿経』の倫理的(浄土)宗教的考察の核心である。観経の二善三福の全体がさきに引用した真実心中になすべき業のうちに集約せられているのもこのためであろう。ゆえに第十九願の展開はこの忻慕真実の結果がどうなっていくかにかかわっている。われわれはすでに良心の真実への徹底的な追求が根源悪の自覚と表裏の関係にあることを述べた。親鸞はこの間の消息を次のごとくに語っている。

第一にわれわれは忻慕真実の忻慕の契機を反省しよう。忻慕真実は超越者によって発起せられた真実である。われわれはこのような超越者への関係を、まず第十九願の臨終現前の誓いによって、死の不安に見出した。ゆえに忻慕真実の結果がどうなっていくかを知るためには、さらにもう一度来迎を望む者の「死の不安」の性格を検討してみる必要がある。われわれは第十九願の「寿終の時に臨んで、もし大衆と囲繞して、その人の前に現ぜずば」の語によって死の不安を分析した。他方から考察すると、臨終に正念に住し仏の来迎にあずかりたいと思う心には、また同時に、死の不安から、日常性への墜落が認められはしまいか。なるほど死の不安はときとしてはあわただしく心情の扉を叩き、われわれを今さらのごとくに驚愕せしめる。しかしながら死は、われわれが用意したときに、扉を排して入ってくるとは限らない。またわれわれが十分に用意ができているように、ときどき注意するものでもない。われわれの有限性は死においてさえ慣れることができるのである。臨終の正念をのぞむ心には、死がわれわれの用意する以上の者であることに対する予感と同時に、絶えず新しく震憾とともに用意されねばならないはずの死に対して次第に慣れてしまった精神がその堕落を自覚しながら、しかもこの自覚においてさらに一歩も前進できない、から、ま、わ、りする反省が認められる。親鸞はこのような精神の状態が真に臨終において正念であることができるか否かは、仮令（不定）であると解した。

願としてかならず迎接あらんことおほいに不定なり。されば第十九の願文には、現其人前者のうへには仮令不与とおかれたり。たとひといふはあらましなり。……不定のあひだ仮令の二字をおかる。さもありぬべくばといへる心なり。（『口伝鈔』下二三丁）

しかしこのことは、真実心の検討においていっそう明瞭となる。彼は第十九願の機の自利真実の失を、

乃《いまし》雑縁乱動して正念を失するが故に、仏の本願と相応せざるが故に、教と相応せざるが故に、仏語と随順せざるが故に、係念相続せざるが故に、憶想間断するが故に、廻願慇重真実ならざるが故に、貪瞋諸見の煩悩来て間断するが故に、慚愧懺悔の心有る無きが故に。（一二左―一三右　432）

と説いて、これらのものが往生を得ることは「百は時に希に一二を得、千は時に希に五三を得」（同処）と教えている。一度無常感によって起こった忻求の真実も時の経るにしたがって色あせたものとなってしまう。自己の発起したものが真実であり、正しく厭離の思

いであり、正しく忻求の志であったと考えるのは実は無反省なのである。われわれが真実であれば、かえって「一時に煩悩百たび間《まじ》はる」という自己の状態に反省させられ、深い懺悔と悔恨に入らなければならない。自心によって建立すると無邪気に考えたものが、実は自己の罪に無知な状態である。われわれが単に自己の善根によって、仏智を知らず、ただ自力一方的に道徳的に、絶対善に至ろうとすれば、それは単に全く相対的な善であって、絶対者の側からはかえって悪とせられる。転輪聖王の小王子が罪を犯すと七宝の牢獄に金の鎖でつながれるように、仏智を疑惑し、罪福に因果の応報を信じて善本を行なうものは極楽国土の胎宮に生まれ五百年間仏法僧に会わない（四右 413―414）と『大経』は教えている。彼らは善行の鎖でつながれているのである。「もしただこの衆生その本の罪を識りて深く自ら悔責して彼の処を離れん事を求める」（同処）ときに、すなわち罪の自覚によって真実心が不真実心となり、無常の問題が罪の自覚的な絶望となったときに、初めて第十九願が第二十願に転入するのである。

第四章　第二十願の解明

第一節　罪障の自覚

おのおの十余箇国のさかひをこえて、身命をかへりみずしてたづねきたらしめたまふ御こころざし、ひとへに往生極楽のみちをとひきかんがためなり。しかるに念仏よりほかに往生のみちをも存知し、また法文等をもしりたるらんとこころにくくおぼしめしておはしましてはんべらんは、おほきなるあやまりなり。もししからば南都北嶺にもゆゆしき学生たちおほく座せられてさふらふなれば、かのひとびとにもあひたてまつりて往生の要よくよくきかるべきなり。親鸞にをきては、ただ念仏して弥陀にたすけられまひらすべしと、よきひとのおほせをかぶりて、信ずるほかに別の子細なきなり。念仏はまことに浄土にむまるるたねにてやはんべらん、また地獄におつべき業

> にてやはんべるらん、総じてもて存知せざるなり。たとひ法然上人にすかされまひらせて念仏して地獄におちたりとも、さらに後悔すべからずさふらふ。そのゆへは自余の行をはげみて仏になるべかりける身が、念仏をまうして地獄にもおちてさふらはばこそすかされたてまつりてといふ後悔もさふらはめ。いづれの行もをよびがたき身なればとても地獄は一定すみかぞかし。弥陀の本願まことにおはしまさば釈尊の説教虚言なるべからず。仏説まことにおはしまさば善導の御釈虚言したまふべからず。善導の御釈まことならば法然のおほせそらごとならんや。法然のおほせまことならば、親鸞がまうすむね、またもてむなしかるべからずさふらう歟。詮ずるところ愚身の信心にをきてはかくの如し。このうへは念仏をとりて信じたてまつらんともまたすてんとも面々の御はからひなりと。云々。（『歎異抄』二）

一日、晩年の親鸞が洛都の仮寓において、坂東の弟子たちに語り聞かせたこの言葉は、明らかに彼の信心が「賭」の性格をもっていたことを示している。パスカルの賭の論理を連想させるこの語のうちに、彼は、(イ)念仏を信ずることの理由ないし根拠が、理性によって納得せられる仕方では、何一つ存在しないこと、(ロ)ただ、地獄は一定住み家なる自己の罪障のゆえに、悔いなく法然の教えに随順すること、(ハ)念仏を取るか捨つるかは、結局面々のはからい（決断）であることを強調している。われわれはこれらの語に、宗教的決断の本質が力強く述べられているのを知る。

『恵信尼文書』は親鸞が「（叡）山を出て……法然上人に遇ひまひらせて……承り定め」たときの体験としてほぼ同様のことを伝えている。なお彼はこの決断に到達する前に、百日間夜ごとに山より京洛の六角堂に参籠し、ついに夢告によって法然と遇うことを決意した、またその後吉水の法然の下に同様に百日間、「照るにも降るにも如何なる大事にも」山より聞法に通い続け、ついに承り定めた、と恵信尼は記している。われわれはこの決断の前後に長い躊躇と熟慮とが存在していたことを注意すべきである。このように長い懐疑を通じての決断であったので、それだけ決断もまた卒爾でない厳粛な体験として、終世自覚せられていたのであろう。親鸞は坂東の時代にも「自身は（法然）上人のわたらせ給はん処には、人は如何にも申せ、たとひ悪道にわたらせ給ふべしと申すとも、世々生々に迷ければこそありけめとまで思ひまひらする身」であると、「やうやうに人の」法然と念仏とを非難したときにも答えたという（『恵信尼文書』第三通）。

われわれは第二十願「もし我仏を得たらんに、十方の衆生、わが名号を聞きて、念をわが国に係け、諸の徳本を植ゑて、心を至し廻向して、わが国に生ぜんと欲はん、果遂せずば、正覚を取らじ」の善本徳本としての念仏を、このような「よきひとのおほせをかぶりて」「念仏申さんと思い立つた」[10]ときの、宗教的決断として理解し、この宗教的決断の諸相を、親鸞自身の言葉に従って、できうるかぎり精密に記述しよう。われわれはこの課題を次のごとくに整理することができる。まず第一に、第十九願との関連においてこの宗教的決断の生起を明らかにすること、第二にこの決断の本質を明らかにすること、第三にそれが隠密のうちに（即自的に）蔵している自己矛盾を対自的にすることによって、いかにして第十八願に転入していくかを明らかにすることである。第十九願の解明の際に倣って言えば、第一の課題は「いかにして至心・廻向・欲生の三心（宗教的決断）を発起するか」であり、第二の課題は「この三心は何であるか」であり、第三は「この三心の結果がどうなっていくか」である。

第一に第十九願との関連においてその淵源から、宗教的決断を明らかにしようとする場合、ほぼ次の三つが注意せられねばならない。

(一) 死の不安と罪の自覚

第十九願・邪定聚之機はその根本規定が観想→倫理的であって、その定散の二善は、「隠密の義」から見れば、善ではなく、かえって自己の罪障に対する無自覚にほかならなかった。そして、このことが第十九願の展開を経た今は、第十九願・邪定聚之機自身にも明らかとなった。この罪障の自覚、定散二善によっては出離の縁なき自己の根源悪の諦観こそ、第十九願を第二十願に転入せしめる転入点である。第十九願・邪定聚之機は、この罪障観を跳躍板として宗教的決断を決断し、第二十願に飛躍的に転入する。

さて、いまだ自己の極重の悪人であることを自覚せず、最初に無邪気に行ない始めた定散の二善が、この転入点にまで到達するか否か、あるいはこの罪障観を媒介としつつさらに第二十願にまで飛躍するか否かは、「仮令」の願文の意味したごとくもちろん不定である。しかし最初の一歩がここにまで到達しうるにはそれ相当の根拠がなければならぬ。それは定散の二善が単なる観想・倫理ではなく、ほかならぬ死の不安によって自己の内面性の深底から喚び起こされた発菩提心の姿であったということである。人は最初から死の不安に一衝きされて、我ならぬ力にゆり動かされつつ、この道を歩み始めた。ゆえにわれわれより見れば（あるいは隠密の義からすれば）死の問題に当面する実存の緊迫した自覚と熱情とが、観想や倫理の死なき永遠の理性の立場と、やがて矛盾し衝突することは最初から明らかである。

もちろん観想や倫理にも死の問題とかたく結びつく一面がたしかに存在する。第十九願において両者が発菩提心の実現にある程度まで成りえたのもこの理由に基づいていた。しかし同時に観想は死とは無関係な、したがって実存からは戯論とさげすまれる（『大智度論』初品第四十八・十八空義参照）閑の多いのどかさを、本来は固有の場所としている。思惟そのものが「生死の思惟煩悩」であって、われわれを生死の輪廻の内に繫縛して出離の縁なからしむる根本の業である。同様に倫理も、不死なる人格の倫理であることをその本来の面目としている。ところでいわゆる理論理性・実践理性の永遠性は、生死を克服したところに成立したものではない。むしろ生死を打ち忘れたところに成立しているのであって、これまた生死に惑溺する一姿相にほかならない。要するに観想・倫理の立場は、その本来の固有の立場を突き詰めていけば、思惟はそのいずれの一つをとるも戯論となる(『中論』因縁品第一参照)二律背反のゆえに、倫理は至善と根源悪とがつねに対立しつつしかも相即する矛盾のゆえに、いわゆる理論理性・実践理性の人間内在的自律性を排棄せざるをえなくなり、超越的なもの・宗教的なものによって裏付けられて初めて成就するに至るのであろう。がそこまで到達しないものを、本来の観想・倫理というならば、無常感によって発起された菩提心が、この観想・倫理を媒介としては自己を完成せしめえないこともまた当然である。

こうして定散の二善を修行する邪定聚之機が、鋭い自覚、曇らぬ良心を絶えず把持している場合には、換言すれば死の不安が引き続きこの機を襲い続け彼を前進せしめる推進力となる場合には、定散の二善への絶望、自己の根源的罪障への諦観が、当然の帰結として生じる。そこからわれわれは、この罪障の自覚は、死の不安の一層深化した形態であることを知ることができる。

したがって宗教的決断が罪障の自覚を跳躍板として決断する際に、生死の問いによって全存在を震蘯せられている実存が必然的に予想されている。ゆえに後者の本質である「全存在可能」がまた前者の本質でもある。宗教的決断はさきの第十九願の発菩提心の場合と同様に、生死によって震蘯せられた全存在可能における決断である。

(二) 罪の自覚と良心

しかしながら罪障の自覚が死の不安のいっそう深化した形態であるとすれば、いわゆる全存在可能の問題も罪障の自覚においては、死の不安の場合とは異なる一つの新しい姿相を（独自のより本来的な、より深刻な形態を）とるのではないであろうか。われわれは以下に罪障の自覚における全存在可能の本質を明らかにすることとしよう。

定善散善は何故成功しなかったか。すでに述べたごとく定善は「息慮凝心」であった。しかもわれわれの機は、「雑縁乱動して正念を失し」、「憶想間断し」て「係念相続せざる」状態である。散善の「廃悪修善」においても「貪瞋諸見の煩悩来て間断し」「一時に煩悩百千まじわる」。ところでこのように定散の二善が間断し相続しないとすれば、それは遡ってその発起した最初の心が、すでに不淳であり、至誠でなかったからである。こうして、「執心牢固の一心」が本来存在しなかったことが今や当の自覚自身に対して明らかとなる。

何となれば、曇鸞・道綽から親鸞が承け伝えた「三不三信の誨《おしえ》」によれば、真実の信楽においては淳心・一心・相続心の三つが展転相成（交互媒介）し、また真実の信楽の存在しないところでは信心不淳・信心不一・信心不相続が展転相成する。すなわち前の三相応、後の三不相応では、いずれか一つが存在するとき他の二つが必ず随伴する（因みに三不相応の、信心不淳とは「信心の存するが如く存せざるが如き」状態を、信心不一は「決定心無き」状態を、信心不相続は「余念の間る」状態を意味する）（信本五左　138）。ところで今われわれが問題としている「雑縁乱動して」等々のこの「要門九失」と呼ばれる文において、親鸞はこの「三不三信」の試金石によって、定散二善が三不相応の理由によって結局成就しないことを証明していると思われる（山辺・赤沼氏『教行信証講義』一三四四―五頁参照）。そうしてこの三相応は元来曇鸞が、世親の一心帰命を三相に分析して解説したものである（曇鸞『浄土論註』上、および信本五右―左　138）。ゆえにこの三心（淳心・一心・相続心）のない「不如実修行」は、一心の散乱した状態、執心牢固の一心をもたない状態である。「懈慢にして執心牢固ならざる」（五左　417）が、定散諸機の特色であると親鸞は言っている。

しかしながら、根源悪の自覚には、ある種の「執心牢固性」が存在する。すなわち、(1)われわれが定散二善の雑多性（万善万行）の中より、いずれの一を専ら行じていたとしても（雑行専心）、あるいは若干を兼ね修めていたとしても（雑行雑心）、それらはわれわれに根源悪を自覚せしめる機縁としては、全く無差別である。『観経』一部に説かれた万善万行は、結局われわれを同じ根源悪の深淵に突き落とすことに帰着する。このことは根源悪の自覚が、「定散諸機各別」の差別的な「浅き」主観性に関係するものではなく、各主体の内面に底深く張り渡され、一切の主観を呑み尽す根源的な深淵に関係することを意味する。ゆえに一度この深淵に落ち込んだ者は、もはや再びある種の行によって脱出する望みは全然存在しない。したがってこの「いづれの行もをよびがたきわが身」の自覚が、絶望の主体に自余の行によって乱されることのない執心牢固性を与える。(2)根源的罪障感は一切行においてのみならず、また一切時に自己の罪障を発見する。罪障感が今やそれを自覚するに至ったのは、言うまでもなく罪障のゆえである。ともに、以前において軽慢にしてこの罪障に無自覚であったこともまた罪障のゆえにほかならない。そして将来、この重苦しい自覚を回避して気晴らしに、日常性に固有の楽しい忘却へと逃避していくことがあったとしても、それこそまさに罪障のゆえである。罪障が自覚されるとき、一切時はこの自覚を証する。罪障感はこの意味において、一切時に乱されぬある種の執心牢固性を有することとなる。(3)このことは、死の不安とその回避とについてもほぼ同様であると考えられよう。しかしながら、無常感が気分の去就つねなき不確定性とそれに伴う不明瞭性を本質としているのに対し、罪障感はその深刻性によって、一切時の罪障を主体性の中心に集約し、（(4)に示すごとく）つねに了々とこれを自覚するところにその特質が見出される。と言うのはこの一切時の罪障が集約する焦点こそ根源的自覚の現在であり、良心であるからである。罪障感は良心のもつ執心牢固性を有している。(4)深刻な良心の証する罪障感は相続する。われわれの根源悪の自覚は、生死の問題によって発起された発菩提心から出発し、しかもそれを絶えず日常性へ回避させることなく徹底的に追求することによって成立した。ゆえにこの自覚においては、本来気晴らしにそこから逸脱していく可能性は全然存在しない。良心は相続する。そして相続心は一心であり、淳心である。良心はこの意味において執心牢固の一心である。

以上、ほぼ四つの執心牢固性が罪障における「全存在可能」の特徴を指示するものと考えられよう。死の不安が気分において顕わにする人間存在の有限性被投性よりは、良心の証するそれがはるかに深い。前者における人間の実存性と後者の証する実存性とには、段階的、本質的差異が存在する。ハイデッガーにおいては、良心は死の不安によって顕わにせられた人間の実存性を証するものとせられている。彼によれば、道徳の問題に関連する良心の通俗的観念は派生的なものであって、根源的には、人間の根源的な被投性を、無に面する実存の本来性を、証するものが良心であるとせられる。良心が根源的「無」に関するとは鋭い洞察である。しかしながら、気分と良心、無常感と根源悪との本質的な相違が看過せられてはいないだろうか。私見によれば、良心とは既述のごとく、(1)死の不安における問いを発菩提心にまで発展させ、(2)観想的倫理的諸段階を徹底的に追求し、(3)その結果根源悪を荷負することによって生じたものである。この気分と良心との異質性ないし段階の相違を明らかに自覚することによって、われわれは後述するごとく、「超越論的」なハイデッガーの主体性を、真の超越者と邂逅遭遇するいっそう具体的な超越性へ一歩前進せしめることができよう。ほぼ以上の意味において根源悪の自覚は、無常感よりはより深刻な、より執心牢固な全存在を成立せしめる。宗教的決断が罪障感を跳躍板として決断するとき、必然的にこの「執心牢固の一心」が前提として存在する。

㈢ 罪の自覚と懺悔

しかしながらこの罪障の自覚はいまだ罪障の懺悔ではない。罪障の絶望的な自覚と罪障の清浄な懺悔との間には、本質的な差異が存在する。そして「執心牢固の一心」は、真実には懺悔において成立するものであるから、罪障の自覚には、執心牢固の一心が存在するとともに存在せず、あるいは責として荷負せられた罪障の全存在が把持せられつつ同時に忘却せられる、という自己矛盾性ないし二重性格がそこから生起する。と言うのは、罪障の自覚は無底の深淵への墜落であって、行きつくべき底がない。ゆえに無始以来現在までの無明業相が把持せられた瞬間に、新しい罪障がさらに附加せられる。罪障の絶望的な自覚は、後悔・回顧的であって、既往の罪障の全体を荷負するが、しかもその瞬間に新しき罪障が附加せられることを知らない。ところで新たに加速度を与えられたこの現在の墜落は、全く既往の罪障の全体とは異質的な深みへの墜落である。ゆえに新しい罪障が附加されるというよりも、罪障がさらに一段飛躍するといった方が適切である。――あたかも現在のうちに過去の現在・未来の現在として、過去も未来も一切が同時に存在するごとく、罪障の自覚の現在にも、既往の罪障の全体が、そしてある意味においては未来のそれ全体も、すでにそのうちに存在する。しかも現在が過去・未来の全体をはるかに超えた現在の現在として現存するごとく、罪障の現在も無始以来の業相の全体をはるかに超えて、現実の罪障として現在化する。罪障の現在は罪障の全体を荷負しつつ、つねに新しいものに現在化してくる。そして飛躍的に現在化するこの罪障の現在性から見れば、この現在を中心として集聚する罪障の全体は、一種の低次の現実性むしろ可能性にすぎない。絶望的な罪障の自覚は、罪の相続のうちでこの低い現実性・可能性の一面を理解することができても、無明業相の「暴流のごとく」奈落へと奔騰する、この罪障の現在化の尖端を自覚することができない。それは、現在の現在が「永遠の今」によって初めて理解しうるごとく、罪障の現在も、後述のごとく救済がそこで成就する「即得往生」の今（一七一頁以下を参照）によってのみ、初めて真に自覚せられうるからである。ゆえに現在化する罪障の飛躍は、影のように罪障の後悔（絶望）に先行し、追い越したと思った瞬間に、さらに先に走り、いよいよ早く追跡すると、ますます早くのがれ去る。

具体的に言えば絶望的な罪障の自覚は、定散の諸機が善への修行において「己が分を思量せず軽慢で」あったと同様に、罪障の自覚そのことにおいて、己が分を思量せず軽慢である。すなわちこの絶望的な自覚の底には、個別性――罪障の自覚が顕わにする尖鋭化せられた実存の個別性――の自覚が自己の深刻さを誇り、雄々しくも自らに罪障を負うことに増上慢となる、自意識の顚倒した我慢が潜在している。ゆえにこの絶望は徹底的な自己批判と、苛責のない罪障の自己暴露とを行なうと同時に驚くべき無自覚、自我陶酔、自己惑溺に沈湎する。もっとも激烈な罪障の痛恨においても、自覚は自己の現実を追い越し、現実よりもいっそう真実な自己を構想し痛恨している。そこにこの自覚が誇大的とも見られ、あるいは文学的とも考えられる理由が存在する。この自己批判と自己陶酔とが、交互に媒介しつつ発展する絶望の弁証法を、さらに詳細に解明していくことは割愛せねばならない。尖鋭化された絶望はやがてこの両面をも自覚するであろう。がそのことによって、絶望の状態は少しも改良せられない。この両面が対自化せられることによって、絶望が痛恨の上に、自嘲の逆説と反語とを弄することを覚え、いよいよ鋭くはげしく自己に切りこんでいくにせよ、あるいは精神の混乱と支離滅裂とのうちに、自覚そのものを喪失してしまうにせよ、畢竟以前の状態と同一にとどまり本質においては何ら変化を生じない。自覚はからまわりする「悪しき無限」に沈湎しつつ、何一つ脱出の道を見出すこともなくいよいよ深く罪障の深淵へ墜落するだけである。

ゆえに罪障の自覚においては、執心牢固の一心は存在すると同時に存在しない。ところでこの罪障に沈淪する自覚が、自己を真実の「執心牢固の一心」として把握するようになるためには、無限に墜落していくこの自覚が何かに衝突して、いわば一挙に受けとめられ、跳ね上げられる体験が、——無限に自己の影を追う絶望が翻身して、光のただ中に歩みでる体験が、必要である。そうしてこの体験が罪障を跳躍した宗教的決断、すなわち「よきひとのおほせをかぶりて」「念仏申さんと思ひ立つ心」である。そしてこの体験を通じてのみ、罪障の自覚は清浄な懺悔の心となる。以上のことがらから、われわれは次のごとき結論に達する。宗教的決断とは、それによって初めて罪障の自覚が罪障の懺悔となるごとき決断である。

ゆえに良心の問題もこの懺悔の心によって、真に具体的となることができる。一般的に言えば良心の問題には、次の三層を区別することが必要である。すなわち第一の即自的段階、良知良能の至誠心、第二に対自的段階、根源的罪障の自覚、第三に即自且対自的段階、懺悔之心、この三つが区別されねばならない。この三層の弁証法的発展を跡づけるとき、初めて良心の問題が、道徳と宗教とを媒介することが理解せられる。

第二節　念仏申さんと思ひ立つ心

われわれは「念仏申さんと思ひ立つ心」すなわち宗教的決断を、宗教的実存の自意識に顕わなままの姿において、記述することとしよう。第一節では、われわれは罪障の自覚を跳躍板として飛躍するこの決断を、その足場が許す限りにおいて解明した。しかし本質的なものはこの足場からの飛躍であるから、このような立場においてはもとより詳説し尽すことはできなかった。ゆえに第一節の立場よりこの決断に対して問われた問い「いかにして宗教的決断は発起せられるか」――この問いは、今ではいっそう具体的に次のような形で表現することができる。「絶望の悪無限を突き抜け、悪無限に終止符を外より打つことをえさせるこの体験がいかにして成立するか」――は、本来答えられることができない問いである。罪障よりの解脱は、罪障の自覚の外から起こった出来事、自覚に対して超越的な出来事によって成就する。とは言ってもこの出来事の超越性は、有限者の自覚をその有限性の根拠である無明業相にまで掘り下げた自己内反省の穿道――さきの超越論的自覚と無関係ではない。それゆえに第一節の叙述も、決断の一側面観を示すものとして意義をもつことができる。

有限者の自覚の底深くに蟠る「黒闇」の淵には、ある光への誘致が存在するのであろうか。ともかく、(イ)自覚はただこの深底においてだけ光に接し、光はこの深淵的主体性の黒闇を照破する。(ロ)そしてこの光に応じて宗教的実存は、いわば光の招喚に呼応するかのごとくに、彼の全存在をその根底から挙げ尽して光の方へ帰投する。(イ)(ロ)は全く同一の出来事の二面である。すなわちこの出来事は、(イ)超越者との遭遇、「本願力に遇う」「斯の光に遇う」体験として、まず超越的な絶対者の方から始められねばならないが、(ロ)他方またこの招喚を招喚たらしめるか否か、すなわちこれに応答するか否かは、また「面々のはからい」であって、そこに「思ひ立つ」心の自発性、自由が存在する。「遇うて遅慮するなかれ」と命ぜられるのも、この決断の自由が存在すればこそである。遭遇は本願の招喚を聞くことであるが、聞くものは同時に「大千世界にみてらむ火をもすぎゆきて、仏の御名をきく」のである。そしてこの(イ)仏より衆生への還相（廻向）の道と、(ロ)衆生より仏への往相（廻向）の道との道交感応するときに、ただこのときにのみ、真の遭遇が成就する。(八)しかし同時に注意すべきことは、この二つの道は、本来対等な交互関係ではない。何となれば、闇は光と同様の存在性をもつことができない、否、闇は元来存在しないのであるから。光が照らす時無明の黒闇は元来存在しなかったのである。ゆえにここで問題となる呼応的決断は、例えば目醒めに比することができよう。人は夢の世界においていかに目醒めようと努力しても、目醒めることができない。しかし誰かが呼び起こせば彼は目醒める。もちろんこの目醒めは、睡っていた彼が目醒めるのである。しかし目醒めるという働きは、夢や睡みの世界には属せず、本来目醒めた世界でのことである。同様に無明の世界に沈湎していた彼が、招喚に喚起され、これと呼応し決断する。がこの決断と呼応はそれが成就した刹那、すでに大信海での出来事である。往相も還相もともに弥陀の廻向であり、一切が「信楽開発の極促（瞬間）」に、弥陀願海のうちに転入してしまっている。決断の自発性は他力的自発性である。いわゆる他力とは、絶対者が我に働きかけ、虚妄の世界と、それと関係交渉する自己とを否定し去り、新しい世界に新しい生命と自覚とを目醒めさせる作用である。他力とはこの受動性を意味している。しかし受動がたちまち激しい能動となることは、pathos（pathein）, Leidenschaft（leiden）の字の示すごとく、一般にパトス的なものの本性である。信仰もそれと異なるところはない。絶対の他者によって点火せられた火がたちまちに己れ自らを焼尽（否定）しつつ自己自らによって燃え上がる。この我における我ならぬはげしさが他力の本質である。呼応的決断の主体の自発性は、真実には他力的自発性である。

以上われわれは宗教的決断の自覚を、(イ)遭遇、(ロ)実存の自発性、(ハ)他力の三視点から概説した。論理的には、特殊性・個別性・普遍性に相当するこの三契機は、もとより円融相即するものであって、一々を抽出することは必然的に理解を抽象的にすることをまぬかれない。しかしわれわれはやはり、上の(イ)(ロ)(ハ)の順を追って継起的に分析して叙述することとしよう。

(一) 遭遇

遭遇において絶えずわれわれが注意を注ぐ焦点は、「よきひとのおほせをかぶりて」と親鸞が語るあの体験である。親鸞が法然と遭遇した歴史的事実を、いかに深く反省し、いかに自己の信楽の内実として把持し続けたかを、われわれはもう一度新しく強調して語りたい。従来は「遭遇」の概念の深い哲学的意義が一般に洞察されなかったためでもあろうが、親鸞が『和讃』や『教行信証』にあれほど繰り返し繰り返し語っているにもかかわらず、この体験の意味を十分に省察することがなかった。われわれが以下第二十願の展開において明らかにしようとすることは、この遭遇の体験の「反復」の意義であると言ってもよい。われわれはまず最初の遭遇の体験から、語ることとしよう。

(1)無限に罪障の深淵に沈んでいく絶望的自覚は、その自覚に内在する原理によっては決して救済せられることができない。救済は外から来、墜落するものと衝突し、一挙にこれを跳ね上げるごときものでなければならない、とわれわれは記述した。それは人間に内在的ではないから、理由を問うことができない。不可思議とこの体験が称されるのもそのためである。ところで不可思議とはこれを感情的に表現すれば、驚異である。「驚異は人間の情念のうちもっとも先なるものである」と言われる。驚異がもっとも根源的なるものへの驚異である際には、この情念は人間存在のもっとも「源本的なあり方」を指示することができる。この遭遇においてわれわれを驚異させるものは、この世ならぬもの、彼岸的なもの、真の意味の超越者の新しさである。われわれは遭遇において超越者への深い驚異により動かされながら、この遭遇した汝を問い、超越者である汝の名(号)を聞く。全身を硬直させるような、ほとんど驚愕に等しい驚異のうちに、われわれは全身を耳にしてこの超越者の名号を聞くのである。この第二十願をはじめ四十八願中の多くの願のうちで、「聞我名号」と誓われているのも、また親鸞が善知識との遭遇において「聞思して遅慮する事なかれ」(一五〇頁参照)といましめるのも、この「聞」の深い宗教的意義を指示していると言えよう。その他遭遇と聞との本質的関係を暗示する言葉は、『大経』のうちにも、『教行信証』のうちにも数多く存在する。例えば『大経』の、

如来の興世値《あい》難く見難し、諸仏の経道得難く聞き難し、菩薩の勝法……聞き得る事難し、善知識に遇ひ法を聞き能く行ずる事此また難しとなす。もし斯経を聞きて信楽受持する事は難中之難、これに過ぎたるはなし。（二六右―左　461）

は、その一例である。そしてこの聞思において如来の本願の威神力を知る者は、身心を震わす喜びのうちに如来の名号を聞信する。「聞くとは信心をあらわす」と親鸞も記している。『大経』には「彼の仏の名号を聞く事を得歓喜踊躍せん」と説かれている。親鸞によれば「歓は身をよろこばしむるなり、喜は心をよろこばしむるなり」とせられている。聞と言い、信と歓喜と言い、ともに身心をうちふるわすはげしい情念《パトス》であり、そしてこの聞から信と歓喜へ、情念は自然に移行する。称名は、この聞信と歓喜との端的な表現である。ところで聞信と歓喜とは、超越者との遭遇にほかならない。ゆえに称名は超越者との遭遇の体験を、端的に表現する。すなわち宗教的生命の生《なま》な素直な感動的表現として、一切の宗教的体験の源本である。

聞に含蓄せられている遭遇の呼応的関係は、親鸞の帰命字釈（称名への反省）によっていよいよ明らかとなる。

弥陀の名号、すなわち「南無阿弥陀仏」が何故に往生の因となるのか、仏教の通規に従えば、行願が具足するときにだけ、往生を得ることができるはずである。ところで『阿弥陀経』によると、

もし衆生ありて、阿弥陀仏を説くを聞かば、即ち名号を執持すべし、一日乃至七日一心に仏を称して乱れざれ……まさに願を発してこの国に生ぜんと願ずべし。（行二三右　58—59）

と説かれているところを見れば、名号にはいまだ発願のみであって行を伴わぬ、との非難に対して、善導は名号のうちに「十願十行具足することとある」と説いて、

南無といふは即ちこれ帰命なり。またこれ発願廻向の義なり。阿弥陀仏といふは即是其行也。斯義をもつての故に必往生を得と。（行二四右　61参照）

と教えた（善導『観経疏』序分義）。

親鸞は、善導の教えをさらに翻転して、

爾れば南無の言は帰命なり。――帰の言は至也。又帰説《よりたのむなり》也（説の字は悦の音也）。又帰説《よりかかるなり》也（説の字は税の音。悦税の二音は告る也。述る也。人の意を宣述する也）。命の言は業也。招引也。使也。教也。信也。計《はからふなり》也。召す也。――是をもつて帰命は本願招喚の勅命也。

と解釈した。帰命の字にこのような意味をいかなる字書によって集めたか等は、宗乗学者の苦心する点であるが、今は問題としない。ともかく親鸞は、善導の示した「衆生から仏への発願」の意を顧慮しつつ、さらに字訓を手掛かりとして仏から衆生への「本願招喚の勅命」の意を導出したのであった。したがってこの意味では、「（かの善導の）発願廻向といふは、如来すでに発願して衆生の行を廻施し給ふの心」（行二五左　63参照）となり、「即是其行といふは、選択本願是也」（同処）という主張となる。

他方親鸞は、一方『尊号真像銘文』等においては「帰命といふは如来の勅命にしたがひたてまつる也」「帰命はすなはち釈迦弥陀二尊の勅命に従ひ、めしにかなふとまうす言葉なり」と善導の意に沿って解している。そこから南無阿弥陀仏、すなわち行巻の中心であるこの大行がわれらの行であるか、弥陀廻向の客体的存在（法体名号）であるかが宗乗学の中心の問題となった。

がわれわれは明らかに、名号が本願の招喚と衆生の帰説（よりかかりよりたのむ）との呼応的関係にあり、呼応的関係の底には、名号との遭遇が存在することを理解することができる。この呼応的関係における呼応的一致が、即是其行である。この一致のゆえに、それは大行であり、大行の主体の個体性はそのまま選択本願の普遍性と一味である。すなわち大行はさきの他力であると言うことができる。

(2)以上われわれは、心情的規定に沿って遭遇の意義をいくぶん明らかにしてみた。心情的規定は、遭遇の感覚を直接に伝えるものとして重要である。しかしわれわれは遭遇の不可思議を喪失することなく、しかもさらにこの不可思議性を論理的にも内面化して把握することができる。この不可思議の遭遇は、九鬼周造博士の原始偶然に相当するものであろう。(イ)遭遇は有難き可能性である。さきの『大経』の「難レ値難レ見」（一四六頁参照）の文を、親鸞は、

「如来の興世にあひがたく　諸仏の経道ききがたし　菩薩の勝法きくことも　無量劫

にもまれらなり」「善知識にあふことも　をしふることもまたかたし　よくきくこともかたければ　信ずることもなほかたし」

と和讃している。また、『教行信証』の総序には、

> 噫弘誓の強縁、多生にも値《もうあ》いがたく、真実の浄信、億劫にも獲がたし、たまたま行信を獲ば遠く宿縁を喜べ。もしまたこの廻《たび》疑網に覆蔽せられなば、かへって復曠劫を経歴せん。誠なる哉や、摂取不捨の真言、超世希有の正法、聞思して遅慮する事なかれ。ここに愚禿釈の親鸞、慶しき哉や、西蕃月支の聖典、東夏日域の師釈遇ひ難くして今遇ふことを得たり、聞き難くして今聞く事を得たり。

と、讃嘆されている。遭遇は可能性の視野には全然予料せられなかったものが、忽然として現実化した現実性である。しかもこの瞬間を把持し損えば、さらに復曠劫を経歴するとしても、好機は再び来ない。仏との遭遇は三千歳に一度咲く霊瑞華の開花に遇うに譬えられる。(ロ)ゆえに遭遇の現実性は実存の「伸るか反るか」の危機であり、危機は今であり、瞬間的である。遭遇の現実性の今は、「遇ひ難くして今遇ふことを得たり」と讃嘆せられ、

またその瞬間的なるゆえに「遅慮することなかれ」と戒められる。「信楽開発の時剋の極促」と親鸞が記しているのも、この現実性の把持の瞬間を意味する。そしてこの現実性の把持は、宗教的実存が自己の執心牢固の一心において超越者と遇うことであるから、遭遇はまた運命感を伴っている。ゆえに運命の暗示する必然性が、この偶然性と固く結合している。「たまたま行信を得ば、遠く宿縁をよろこべ」という語のうちに「偶然―必然者」の構造が見られると九鬼博士は指摘しておられる（『偶然性の問題』二八六頁）。遭遇における瞬間的今は、この必然性の視点から眺められるときに、「時機純熟」とか、「縁熟し」とかと讃せられる。このような考え方は「往相の廻向ととくことは　弥陀の方便ときいたり　悲願の信行えしむれば　生死すなはち涅槃なり」という意義深遠な和讃にも、またあらわれている。(ハ)遭遇が宿縁的必然性をもつことは、『大経』の、

　又いはく。もし人（過去世における）善本（名号）なければ、この経を聞くことを得ず。（過去世において）清浄に戒を有《たもて》る者、乃《いまし》正法を聞く事を獲んと。（二二右　452）

や、『大経』の異訳『平等覚経』の、

是の（宿善の）功徳有る人にあらずんば、この経の名を聞くことを得ず。唯（過去世において）清浄に戒を有る者、乃《いまし》斯の正法を聞くに逮はん。悪と憍慢と蔽と懈怠とは、もってこの法を信ずる事難し。宿世の時仏を見たてまつる者楽《こ》のみて世尊の教へを聴聞せん。人の命希に得べし。仏世にましませども甚だ値ふこと難し。信慧あることと致すべからず。もし見聞せば精進して求めよ。（二二右―左　452―453）

等にあらわれる。遭遇の不可思議性の内面化は、この値い難い偶然性を、ありがたさのゆえにかえって過去世に反復し、その「偶然―必然性」を強調する。

(3)これらの「偶然―必然」観は、一般に多くの経典に発見せられるものであろうが、例えば『大乗起信論』の場合のごときは、かかる「偶然―必然性」へのいっそう内面的な省察があって、われわれにこの問題をさらに追求する道を開示する。『起信論』は分別発趣道相において、一万劫の間諸仏に繰り返し値うことを得て、親承供養し信心を修行したもののみ、今生において仏に値い、仏の教えによって信成就発心を発起して、正定聚に入ると説いている。われわれはこのような一万劫の輪廻反復の根拠をこの叙述の前に説かれている無明と真如との無始以来の熏習力の交互関係に見出すことができる。[11]

(イ)さて無明の熏習力とはいかなるものであったか。無明の黒闇は、われわれの主体性の根源に存在し、一切の主体を吸い込む深淵であった。主体がこの深淵を自覚するや否や、彼の自由はかえって主体を目眩みさせ、墜ちまいとしつつ無限に墜落するとわれわれはさきに記した。無明熏習とは、主体のこのような罪障への沈淪を意味する。そして業の思想は、この沈淪における自由と必然、超越と内在との相即を、シェリングのいわゆる「元初的行」へ、三世に繰り拡げられた時間のうちで追求したものであった（五一―五三頁参照）。実際われわれが罪障について深く内省するならば、自覚の渚に打ち寄せ打ち寄せて現在化し奔騰する一々の罪障の波々は、遠い波のうねりによって、目も届かぬ沖の、一つの元初的な波立ちを、指示していることを知るであろう。そしてわれわれがこのように奔騰する罪障の暴風駛雨のはげしさを自覚すればするほど、われわれはこの罪障に宿業的な威力を感じ、われわれの自由において底知れぬ運命感を、しかし運命感においてやはり、何らか元初的な自由を感得する。無明熏習とはこのような黒闇の深淵に住する自覚の、深淵における自己の解明である。

(ロ)真如の熏習においても、ほぼ、同様の自由即必然・超越即内在の構造が見られる。遭遇において呼応的に決断する主体は、自己の自由によって決断するのであるが、選択の自由は、その本質においては選択本願につらなっている。「本願力にあひぬれば　むなしくすぐるひとぞなき」と和讃せられるように、この自由・可能性は、同時に深い必然性である。そして真如の熏習・光の遍照は、闇の場合と同様に、われわれを包む一つの深淵である。光の摂取は、闇のごとくに一切を没してしまいはしない。一切のものは光に包まれることによって、それぞれの個性のままの姿で輝く。しかしともかくも光に包まれるのである。

光が無底の深淵であることによって、光のうちにおいてはわれわれは無限に遡源し、無限の課題をもつことができる。ここでは十分に表明することはできないが、教・行・信・証ということも、光のうちを歩むわれわれの課題を（行信・信行の相即する無限の発展を）意味し、同時にまたこのわれわれの課題を経糸として、往相・還相の梭を交しつつ、無限に自己自身を織っていく阿弥陀仏の真無限（すなわち光明の無量の真仏土）を意味すると言えよう。

未来の方向に、われわれは課題として、このような無底の光の深淵を見出すとともに、さらにまた過去の方向においても同じこの深淵を発見する。遭遇以前には気づかなかったのであるが、過去の一切のところにこの光が隠密的に輝いていたのをわれわれは今初めて悟ることができる。現在における信楽の開発が無始以来そのうちに包まれていた光明の化育に負うとせられる。三願転入的あるいは精神現象学的考察の成就する理由も、絶対知自身のこのような考察への要求が、遭遇において開眼せられる、この「予定調和」ともいうべきものに対する感覚によって、即自的に満たされているからであろう。真如の熏習が無始以来と考えられ、また今生においての仏との遭遇が過去世に無限に反復せられるのも、この予定調和に基づくと思われる。

世親以来念仏の大行が、南無阿弥陀仏とともに帰命尽十方無碍光如来として表現せられるところから、名号に対する反省は光明に対する省察とかたく結びついていた。善導・法然より承け伝えて親鸞がさらに展開した光明と名号の関係は、行巻の中心の課題をなしている。親鸞はそこでは名号との遭遇の歓喜を龍樹の『十住毘婆沙論』の初歓喜地の文で理解し、その歓喜の本質を仏との生の共同、仏子として「如来の家」に生まれたことの自覚によると考え、さらにこの「如来の家」の父母として名号と光明との関係を明らかにしようとする。

すなわち㋑名号は信楽開発の因縁（直接的原因――アリストテレスの形相因）として父に当たり、光明は縁縁（間接的原因――質料因）として母に当たる。この因縁が和合して、信楽の仏子が生まれる。遭遇の直接的体験が名号に、それ以前からの無始以来の化育が光明に当てられている。以上は信楽の仏子が生まれるまでのことであるが、㋺この生まれ出た信楽の仏子に対しては、光明と名号とは一体となって、親として子と親子関係を、すなわち「如来の家」を営む。この意義においては名号と一体である光明は、信楽の主体において輝きつつ、これを包摂する心光として（光明土、無碍光如来の真身として）、信楽の主体に対自的である。㋑㋺の立場の錯綜することが光明の理解を困難にするが、それらは光の深淵としてわれわれが考えた真如熏習の未来的・過去的の二面に相応する。名号との遭遇の歓喜の問題を、光明名号の関係を媒介として、親鸞はやはり光の深淵の問題に持ち込んでいると言えよう。

(ハ)無明熏習と真如熏習とがほぼ以上のごときものであるとすれば、現存在の限りない深奥において、無始以来、無明の熏習力と真如の熏習力とが互いに勢力を張り合い、熏習を続けているとする『起信論』の説は、十分理解することができる。あるいは、現存在の無底の奥底には、光と闇との深淵が互いに呼応し合っているところがあると言い替えてもよいと思う。もちろん無始以来のこの熏習は、光は絶えず未来より将来し、将来してきたゆえに、未来↓現在↓過去の方向に熏習し、闇は反対に業繫として、過去↓現在↓未来の方向に熏習すると言うべきであろう。時間流においてこの二つの熏習力、深淵は互いに方向を逆にしつつ無始以来絶えず交流し合っている。しかしながら未来↓現在↓過去・過去↓現在↓未来の二流が真に衝突し遭遇し合うのは現在においてである。そのことは、この響き合う二つの深淵の発見せられるのは、宗教的実存が現（存）在の底深くに沈潜することによってであることを考えれば、自ら明瞭になってくる。(イ)(ロ)に個別的に明らかにしたごとく、真如の熏習も、無明の熏習も、過去・現在・未来に関係しているが、問題の中心は絶えず現在であった。

われわれは名号との遭遇、一般に難値難見の仏との遭遇の問題が、何故にありがたさのために過去世に反復せられ、「偶然—必然者」の構造を示すか、の理由を明らかにするために無明と真如の二つの深淵が響き合っている熏習の世界に入っていった。それでは何故に二つの深淵の遭遇が、その現在を過去・未来に反復するかと問われるかも知れない。しかしこの輪廻反復は深淵が無底であることの必然的帰結である。深淵における実存がその自己の本質としてこのような輪廻反復的時間をもつと言えよう。実際、通常われわれが自己と呼ぶものがもはや存在せず、自己が無底に陥ち込み、二つの深淵を渡すゆれる架橋のごとく感ぜられるとき、実存は必然的にこの深淵と深淵との遭遇を反復し、現在の瞬間における内包的震盪を、三世に繰り拡げられた輪廻的時間のうちにおいて、外延的波紋として表現する。あるいは逆に深淵の無底の限りなさを瞬間の内包的無限によって共感する。

外面的に考えてみても、名号と遭遇する私は、根源悪の無底の深淵における私であった。私自身が深淵なのであるから、私と遭遇し、私を救い上げることのできるものは、この汝もまた深淵でなければならぬ。二河白道の譬えによれば、白道の行者に対しては、一方では釈迦、弥陀が、他方では群賊悪獣が呼び合うとされている（三〇—三一参照）。

(二) 決断

われわれは宗教的決断を呼応的決断と考え、その呼応性を単なる汝と私との遭遇としてではなく、同時に二つの深淵が響き合うことであると考えた。このことによって、われわれは決断の本質をいっそう明瞭に自覚することができよう。何となれば、呼応という語は、例えば私が汝に表現し、汝が了解をさらに表現し返しつつ、互いに交渉関係を深めていく場合のように、結局生の直接的な紐帯の自己同一性を地盤として、表現―了解をただ単に二重に重ねたものにほかならないと誤り解せられないとも限らない。しかしながら、このような汝と私との間に絶対の断絶のないところでは、真の呼応関係は存在しない。真実の呼応的関係においては、招喚はつねに驚異をもって聞かれ、応答は決断的応答である。呼応的一致への予期には何らの保証も存在しない。主体はそこで限りない不安を覚える。呼応的関係を呼応的一致へと躍進せしめるものは、応答的決断の行為である。南無即帰命に含蓄せられる帰命と本願招喚との、呼応的一致を成就せしめるものは、即是其行であり、そして、この行において、選択本願が顕現する。「即是其行とは即選択本願これ也」と親鸞が記しているのも、この辺の消息を物語るものであろうか。

ゆえにかかる意味の招喚は、一つの明白な言葉ではなく、底深くから響き出る暗号にすぎない。私が接した汝はいまだ面帕をとっていない。われわれの接触点の奥に、汝は限りない深さを背後に蔵している。換言すれば、呼応的関係において私が遭遇する汝は、背後の深淵に連なっている。そして、接触においてこのことを直覚するのは、私にも自己の奥底にまた限りない深淵が存在しているためであろう。このように二つの深淵が響き合い、私と汝とを切点として二つの深淵が接触するところに、われわれがこれから取り扱う決断の独自な性格が存在する。

(1)親鸞にとっては、「よき人」法然は還相廻向の菩薩であった。「智慧光のちからより　本師源空あらはれて　浄土真宗をひらきつつ　選択本願のべたまふ」と和讃した親鸞は、法然を大勢至菩薩の顕現と信じ、疑いなく悔いなく法然の教えに随順した。すなわち本願招喚の勅命は法然として親鸞に遭遇した。さて「遇ふて遅慮するなかれ」とは、このような二人の間に生じた自然な信頼の情に関係するのではなく、むしろ「この人とこの教えに賭けよ」「決断（定）して疑いなく慮いなく（否、疑と慮とを否定して）深信せよ」との訓戒である。「信」の宗教においては、信と証とは絶えず分裂している。しかもこの分裂対立において、両者は互いに補足し合い統一なき統一を保持し続ける。この分裂と統一との相即が大行の概念である。われわれは行信の関係をここで周密に論ずることはできない。ただ信そのものが行的（決断的）であって、信はこのことによって単なる心情主義を超えて、心情の証のないところにかえってゆるぎない証を建設していくことを、例えばこの決断としての深信と、自然的な信頼や歓喜の感情との次の区別からも知ることができる。法然と親鸞との遭遇は、後者にとって踊躍歓喜の思いをもたらし、自然に牢として抜くべからざる信頼を生ぜしめたことをわれわれは疑わない。行巻において、親鸞はこの歓喜を、上述のごとく龍樹の初歓喜地の文を引用して解明しているが、それによると、このような歓喜と踊躍の全然存在しないのは、いまだ真実の信に（仏と生命の共同に）入っておらぬ証拠である（行七右　25、および一五五―一五六頁参照）。しかし踊躍歓喜の思いは去就つねなき心情である。ゆえに例えば『歎異抄』第九の唯円の悩みのように、感情の弛緩が必ずくる。歓喜が最後の証である、すべての自然的な信頼ならば、どうしてこの試練に堪えられるであろう。しかし信仰は、最初からその本質においては、決断であった。歓喜は第二次的なものにすぎない。故に汝との直接的な合致のもたらす歓喜の感情の崩れるときにこそ、かえって信仰が感情を乗り超えて、純粋に自己の本質を自覚することができる。すなわちそこで宗教的決断が決断として自己を自覚する。決断が決断として自己を自覚するとは、決断が反復することにほかならない。反復されえない決断は、いまだ真実の決断ではない。念々不断の念仏の大行とは、この決断の反復の具体的な姿である。如何なる感情をも打ち超えたこの大行において、証なき証を建設したことの自覚が、親鸞の「往生一定のたのもしさ」である。それは「喜ばざるにて」と彼が逆説的に語るごとく、歓喜よりははるかに高い自覚である。

(2)実存は決断によって成立し、この実存の決断は賭であると実存哲学者も教えている。しかし真実の賭としての決断は、未来が現在にまで将来せられ、未来が未来のままの姿で現（存）在に面接する宗教的遭遇においてのみ、本来の面目を発揮することができる。信と証とを対立せしめつつ相即させることによって、「唯信」の宗教のみが、未来を未来のままの姿において現（存）在に将来させ、それを自己の全内容とすることができる。われわれはこの章の初めから信仰が賭と呼ばれる側面に、すでにしばしば触れてきた。われわれはここで信仰が賭と呼ばれるときの、賭の意義を判明にさせなければならない。

われわれはまず宗教的決断の賭が遊戯のそれと異なる点を注意せねばならない。元来賭はいつでも未来に関することがらに対して成立する。しかし、もしも現世において証せられる日の来る或ることを、その日まで賭けるのであるならば、賭は一定の期間存続するにすぎない。そしてこのことは、単に時間の問題であるだけではなく、また賭ける主体のあり方を指示していると言えよう。すなわちこの賭は、その賭ける者の全存在となっていない。そして全存在となっていない賭は、いつでも遊びの性格を脱することができない。たとえ賭博者が彼の全財産はおろか、彼の全生命を賭ける際にでも。またやがてそれが明らかになる日まで判明しないその賭は、可能性の範囲内で確率を計算することは許すであろう。しかしあくまでも可能性の予料にとどまればこそ、それが賭であるのである。賭の遊びのおもしろさは、この可能性の予料のうちに、自己の存在のある部分を投機するときの、スリルを伴った期待に基づいている。そしてこのおもしろさを楽しむものは、彼の存在の（日常的な）残部である。[12] これに対して宗教的実存の賭ける決断とは、未来そのものに自己を引き渡すことである。現世において未来そのものの来る日はない。ゆえに宗教的実存は終生未来に賭け続けねばならない。賭のこの終生的な特色は、同時に賭がこの実存の全存在であることを示している。この終生的な賭は同時に終生的である。賭において宗教的実存はもはや世俗的関心や、これと相関的な日常的存在の残余を全然もたない。ゆえに信仰の賭は、遊びの微塵もない厳粛な問題である。それと同時に、証せられる日のない未来は、可能性を予料することは許さないが、しかも未来そのものとして現（存）在に将来し、実存は現在においてこれと遭遇している。否、将来せられた未来そのものが、実存の自己の全内容となっている。この意味において賭はつねに同時に可能性の予料をはるかに超えて証を将来し続けている。だが、しかしこのことは信が証と直接的に融合することではない。信は自己のうちにつねに証を将来し続けつつ、また絶えず証と分裂し対立している。

そしてこの点において、信仰の賭は実存哲学者の決断・賭とも本質的に相違する。

何となれば、実存哲学者においても、実存の決断・賭が、遊戯の賭と異なる点では、信仰のそれと異なるところはない。ただ、将来する未来による、信と証との弁証法的統一として、決断・賭を理解していないことが、前者の後者に及ばない点である。なるほど、例えばハイデッガーの時間論においても、将来の意義が強調せられている。現存在が実存になることも、将来によってである。しかし超越論的ではあっても超越的ではない彼の立場は、将来の問題においても、存在可能への有効範囲内で将来を考察するだけで、将来の現（存）在に対する絶対的超越性・絶対的断絶性を認めない。ゆえに彼の立場は、徹底すれば「即身成仏」的な神秘主義に帰結するのではないかと思われる。（補註4）

われわれは彼とは反対に、将来は未来として、未だ来ないことを本質としていることを強調したい。もっとも、この「未だ」はすでに述べたごとく、今日は来ないが、明後日はという意義ではない。それは現（存）在と未来との絶対的否定性・断絶性を意味する。ゆえに現（存）在と、現世とにおいては、この「未だ」が除去せられるときはない。しかもこのような未来がその現（存）在との絶対の対立性のままで現在に将来し、現（存）在に自己を遭遇対面せしめ、己れの絶対的超越性によって現（存）在を震憾せしめつつ、己れに対して従うか否かの決断を現（存）在に強調する場合が、宗教的実存の賭である。ゆえに宗教的実存が本来的自己になるということも、ただ自己からだけ成立するのではなく、かえって直接的印象においては、遭遇の感覚と偶然性への驚異が最初である。宗教的決断がつねに出来事と呼ばれるのは、この面である。しかしそれは単なる出来事ではなく、この出来事において、私は汝の招喚に呼応的に決断し、自己の自由によって、私の全存在を汝に引き渡すか否か、を決断する。宗教的実存が自己の自由なる決断に際して、自己と将来する未来との関係において、自覚する自己の本来の面目が、後述のごとく、このような決断の主体を宗教的実存と呼ぶにふさわしいものとする。

　以上われわれは将来が、現（存）在と否定的に対立する超越者として、未来でなければならぬと語った。これと同時に真の意義の超越者は、つねに同時に時間的性格をもち、将来であることも注意せられるべきであろう。何となれば実存は有るものではなく、つねに成るものである。ゆえに真の意義の未来を自己の全存在のうちにつねに将来することがなければ、本来実存は成立することができない。ヤスパースの哲学は、超越者を強調する。しかし遭遇する超越者が同時に将来する未来であることは明らかにせられない。ゆえにこの立場においても、決断・賭の意義は、実存の全存在（全生涯）を貫き通す本質的契機として徹底的に自覚せられてはいない。と言うのは、かの超越者を思索するために使用した空間性の概念は、いまだ時間性を媒介することができなかった欠点のゆえに、信の契機をいつの間にかまた証と冥合させてしまわざるをえなかったからである。ヤスパースの強調する空間性とハイデッガーの独自の時間性とが真に円融し相即するのは、信と証を弁証法的に統一する唯信の宗教においてではないであろうか。われわれは以下にいくぶん詳細に宗教的実存がいかにして、自己の全存在を未来に引き渡すかを解明しよう。(補註5)

(イ)まず将来する未来そのものとはいかなる意義であろうか。このような未来はすでに述べたごとく、現在から予料せられた可能性の意味する未来性ではない。目的論的視野から考察せられる「可能→現実」性においては、過去・現在・未来の本質的な差異が看過せられている。何となれば発展の時間の連続的な流れのどこでもが任意に現在として(未来と過去との限界として)標準にとられうる上に、アリストテレスの目的論が明瞭に示すごとく、かかる目的論的発展の時間の底には、循環する生命の時間が原形として考えられているからである。したがって、可能性の概念にしても(また現実性の概念にしても)、未来的にも、現在的にも、過去的にも使用しうる。ゆえにかかる可能性は決して、未来そのもののではない。

未来そのものが考えられるためには、過去・現在・未来の連続が、現在によって裁断せられ、過去と未来とが現在によって断絶し対立することが必要である。そしてこのことはまた決断の意味するところでもある。したがって決断においては、過去と未来とは現在の瞬間を境として、さきのごとく互いに静止的に離在するのではなく、両者は現在のうちに力動的な対立緊張を保ちつつ、滲透し合っている。過去と未来とは、反対対立ではなく矛盾対立である。

　未来そのものを以上のごとく考えてくるとき、未来そのものが、必然的に現在に将来する未来であることが理解せられる[13]。将来する未来は現在において、帰来する過去的契機と交互に媒介し合って、現在の決断を成立せしめている。われわれは現在の決断が過去から自己を断絶せしめるのに、未来の契機が媒介をなしているとともに、また逆に現在の決断が未来から自己を断絶せしめるのに、――未来と自己を同一視する証の立場に立ちえず、あくまでも将来する未来に生きるのに――過去の契機が媒介をなしているのを、知るであろう。現在において過去・未来の契機がこのように交互に滲透し媒介するゆえに、決断の現在は、未来とも過去とも区別せられる。未来について言えば、現在と同一視せられぬ未来そのものが成立するのも、この決断の現在の以上の構造に基づくと言えよう。

　(ロ)われわれは未来そのものを、それを媒介として決断が、自己を既往から断絶せしめものであると考える。そこで未来そのものの内容が判然としてくる。未来そのものというのは、端的に例示すると、上述の無常感の示す死のごとくに、超越者として生に対立しこれを否定するものが、超越性・否定性のままの姿で現(存)在に滲透し、これをその存在の根底から震盪しつつ、その既往の虚無のまどろみから呼び覚まし、現存在を実存に高揚せしめ奔騰せしめるときの、超越者の働きである。このことをわれわれはさきに第十九願の解明の際に、死の不安と発菩提心（決断）との関係として考えた。言うまでもなく、死はこのような未来そのものの一例にすぎない。現存在をその根源である無の深淵の前に引導し、現存在を既往から切断する一切のものは、すべて未来そのものを指示する（未来とは、未のもつ否定性を強調することができれば、未として来る、未が来る、すなわち「未―来」である）。――しかしこのようなものは、つねに不安を伴っており、この不安のうちにのみ、現存在の虚無が暴露せられる。[14] ゆえにかかる「未―来」は、つねに不安なる未来としてのみ、決断の現在に将来する。

(ハ)しかしながら決断の現在は、また過去を媒介として、自己を将来と断絶させている。決断の現（存）在は、実は既往から時熟したものである。しかしてこの現（存）在は不安の顕わにする虚無性・有限性・煩悩性において、自己の被投的（過去的）な此岸性を痛いほどに自覚している。ゆえに現在を証の将来と直接的に同視することは決してない。さきにわれわれは、信（決断）の現在においては本願の招喚は、いまだ面帕をとっていないと言った。親鸞の対面した法然は、彼の信ずるような還相廻向の菩薩であるか、あるいは明恵の罵るごとく天魔であるかをたしかめる根拠はない。かかる意義において、本願の招喚は「如来の御約束」であって、ただ信ずるよりほかはない。『大経』にいわゆる「明鏡にその面像を見る」がごとき証の立場は未だ存在しない。それは唯信の立場よりも一歩下の

『観経』的観想（『観経』がしばしば繰り返して「於二鏡中一自見二面像一」と言うごとく）であるか、あるいは当来の仏の妙果である。信においては、未だ証は無い。この「未だ無い」ことをその本質として明瞭に自覚しつつ、未来を信ずるものは自己の現（存）在に、証を「未―来」させている。ゆえに本願をとりて信ずることが決断であり賭であるとせられるとき、決断の主体は(ロ)(ハ)に述べた二種類の無によって挟撃せられているのである。決断は二重の無の前に立つ決断である。そしてこの二種の無は、決断において交互に媒介し合っている。

と言うのはこの「未―来」として対面された本願の招喚に自己の全存在を引き渡しうるのには、(ロ)に述べたごとく、将来する未来が、自己に本来的な否定性によって、現（存）在を無の前に立たしめるからにほかならない。一切の有限者を有限性に沈淪させ関係交渉する物の世界に惑溺させて自己の本来を忘れさせる執着が、この無の深淵で洗い浄められて、実存が自己の全存在を獲得するのでなければ、どうして自己の全存在をもって本願の招喚に賭けることができようか。ゆえに未来の二相は表裏相即する。機の深信と法の深信と言われるのも、また二つの深淵の響き合いと考えたのも、この「未―来」の示す無の二相の表裏相即にほかならない。無における実存の決断は、この二面によって、まことに賭と呼ばれるべき構造をもつのである。

(3)宗教的決断の賭であることの構造が以上のごとく解せられるとすれば、信と証との対立相即関係もこれによってほぼ明らかとなるであろう。(2)で述べた「未―来」の未のもつ二重の無の性格によって、無の前に立つ決断すなわち賭は、賭けることの必然性を自己のうちに蔵している。われわれの現（存）在を無の前に引きたてしめることが――われわれが無に滲透せられることがいよいよ深くなるにつれて、われわれは、ますます賭けることに後悔なく生きる。そして自己に将来せられた未来そのものを、実存の全内容となす新しき宗教的生命として再生する。それは未来と遭遇しなかった以前とは全く異なった生き方であって、宗教的実存はかつての自己の存在を全く否定し、死して生まれ変わったという自覚を、判然ともっている。親鸞のいわゆる「前念命終・後念即生」である。そこには信であることが、証なき証であると言いうる点がある。しかもこのことは、「即身成仏」を意味せず、あくまでも将来せられ、廻向せられたものに生きるのであって、新しく自己に注がれた仏の御生命も、肯定的な意義での（消極的に肯定的な）「将に」の意味の）「未だ」ということを本質としている。

惑染の衆生此（世）において仏性を見ること能はず煩悩に覆はるるが故なり……安楽仏国に到れば、即ち必ず仏性を顕す。本願力の廻向に由るが故なり。（真仏土二九左として順次の往生を親鸞が主張する所以である。

㈢　他力

以上「念仏申さんと思ひ立つ心」、すなわち宗教的決断を、一　遭遇、二　決断の二面から考察した。そこで明らかにせられたことは、㈠称名が本願力との遭遇であり、遭遇における招喚と帰説との呼応的合致であったことである。この遭遇は単に私と汝との遭遇であるばかりではなく、同時に私と汝とを切点として、それぞれ両者の背景であり根拠である闇と光との深淵の接触することであった。この遭遇の二重性のゆえに、本願招喚の勅命は無限の深さをもち、したがってそれに応答するわれわれの帰説も決断であり賭であらねばならなかった。称名における呼応的合致が大行である所以である。㈡において、われわれはこの決断・賭を、将来する未来に自己の全存在を賭けることであると示した。われわれは今や㈢他力とは、将来する未来に全存在を委託することであると規定することができる。そしてかかる見地から、人間存在の二つの根拠である光と闇との関係を考察し、さきに㈡の⑶で触れた、「未」の肯定的側面、すなわち親鸞の言葉に従えば、かの「往生一定のたのもしさ」の意義を解明することとしよう。

(1)さきの聖道門の即身成仏の義に対比して、浄土門の信楽開発による飛躍的転入を、親鸞は「即得往生」という語で言いあらわした。この語は第十八願の願成就文「諸有《あらゆる》衆生、その名号を聞きて、信心歓喜せんこと乃至一念せん……かの国に生ぜんと願ずれば、即ち往生を得、不退転に住せん……」を典拠としている。親鸞はこの文を解して、

> ……「聞其名号」といふは、本願の名号を聞くとのたまへる也。「きく」といふは、本願を聞きて、うたがふ心なきを聞といふ也。また「きく」といふは信心をあらはす御のりなり。「信心歓喜乃至一念」といふは、信心とは如来の御ちかひをききて、うたがふこころのなき也。歓喜といふは「歓」は身をよろこばしむる也。「喜」はこころをよろこばしむる也。うべき事を得てむずと、かねてさきよりよろこぶ心也。……「一念」といふは信心を得る時のきはまりをあらはす言葉也。……「即得往生」といふは、即はすなはちといふ。ときをへず、日をもへだてぬ也。また「即」はつくといふ。その位にさだまりつくといふ言葉なり。得はうべきことを得たりといふ。真実信心をうれば、すなはち無礙光仏の御心のうちに摂取して、すてたまはざるなり。……おさめ取たまふ時、すなはちとき日をもへだてず、正定聚の位につき定まるを、「往

生を得」とはのべたまへるなり。(『一念多念文意』)

と言っている。彼はこれらの語のうちで、注意して現在完了の表現と未来の表現とを相即させている。それは次のことを意味せんがためである。すなわち信楽開発の時剋の極促とともに、信は不退のものとなり、「金剛不壊の信心」となるが、それだからといって、「無上涅槃の極果」と呼ばれる真実の証をその瞬間に獲得するのではない。将来無上涅槃の仏性を悟るべき正定聚の位にその時以来即《つ》くのである。

(2) 親鸞はまた、善導の必得往生の文を註釈して、

必得往生といふは、不退の位に至るを獲ることを彰はす。経には即得といへり。釈には必定といへり。即の言は、願力を聞くに由て、報土の真因決定する時剋の極促を光闡する也。必の言は審《つまびらか》也、然《しからしむる》也、分極《わかちきわむる》也、金剛心成就の貌《かほばせ》也。(行二五右 63)

と記して、上述の即得の第二義、位につくの意を、必得往生の語によって補い彰わしている。『敬信記』(巻四)によれば、審《つまびらか》とは「少モアヤブムベキワケ無ク、我往生詳ニ定

マル」の意である。すなわち審とは、決断において宗教的実存が不安を貫いて獲得する確乎たる信念、あるいは決断が呼応的合致によって到達した金剛不壊の確信であると言うことができよう。然《しからしむる》也とは自然法爾の意であり、かかる金剛心の成就が将来する本願力・他力によることを明らかにしている。分極とは「必得往生ト云フハ迷ト証トノ境目、今生ハ迷ナレドモ、未来ハ往生ヲ遂グ。カカル迷証ノ境目故分極ナリ」（同処）（『敬信記』によれば、この点に関しては種々の説があるが、必得往生が迷証の限界であると解するときには、これらの異説は含蓄的にこのうちに包蔵することができる、と）。

したがってわれわれの目下の問題である「未」の肯定的側面には、この即得往生の第一義である「信楽開発の時剋の極促」、あるいは「信心を得る時のきはまり」の意義と、この同じ即得往生の第二義、すなわち必得往生の意義との二義が存在することとなる。

前者はしばしば、宗教的実存が「今より後は」と歓喜に満たされて語る、かの永遠の現在としての「今」の概念である。われわれはまたすでに親鸞の三願転入の自督の文において、この同じ「今」の概念を見出した（六九―七〇頁参照）。それは永遠と時間とが初めて接触した廻心の現在である。現在の瞬間において永遠と接触した宗教的実存は、この接触によって現（存）在の深い根底が永遠であり、現（存）在とは永遠の湧出した泉にほかならぬことを自覚する。宗教的実存の現（存）在はこうして絶えず永遠によって現在から現在へと湧き上がりつつ現在化するものとなる。したがって、「今より後」現在はつねに永遠と一つである。しかしながら単にこの一面のみであるならば、時間の実相は、各瞬間が永遠の今であることのみとなり、結局永遠のうちに時間（の本質である過去・現在・未来性）を解消してしまうこととなる。それは時間論のうちの汎神論（汎永遠論とでも言うべきものであろう）であって、この立場では一切の瞬間が永遠となるが、逆にまた裏から言えば永遠とは「今―系列」にすぎないこととなってしまう。宗教的実存のこのような現在は、証の現在であって、さきに述べた「即身成仏」がこの立場であると考えられる。

　これに反して即得往生の信の立場は、あくまでも未来優位の立場である。このことを示すものが後者の必得往生である。この立場では永遠と一つである証の立場は、未来に望まれている。しかしながら、この証が現在の信と絶対に対立する、賭の「未だ……ない」否定的側面が、必得往生という語であらわされているのではない。現在の信が未来の証と必然的関係にある積極的側面が、――この必然性が信の現在に自覚せられていること（審也）、この必然性が将来する他力によって自然法爾に根拠づけられていること（然也）、そしてこの信より証への移行が、すでに現実に行なわれつつある（分極也）として、――「将に来らんとする」肯定的側面から、把えられている。ゆえに必得往生の信は、彼岸と此岸とを単に離在させるのみである「不幸なる意識」とは全然異なる。この即得往生・必得往生の相即が、即身成仏とも、不幸なる意識とも異なる唯信の宗教の特徴をなすものであろう。それでは、具体的に両者はいかに結合するのであろうか。

われわれはこの両往生の本質的論理的関連から、他力の本義を理解することに努めねばならない。しかしながら、この両往生の本質的連関を明らかに示すことは、第十八願の問題である。ゆえに真実には他力という概念をわれわれは、ここで問題とすることができない。しかしながら、かかる根本的な本質解明をただ今は問題とすることができないとしても、われわれは精神現象学的な立場からこの両者の関係を以下に（信楽の実存論理的考察に先立って）一応問題とすることができる。何となれば「第三節　信不具足」に明らかにするごとく、第二十願の機は、自己の決断が真実に、「時剋の極促」を把えているか、否かを、検討しつつ、その特徴のある精神過程を歩み了えたときに、期せずして、必得往生の証を獲得するからである（註(17)参照）。

ゆえに、信楽の論理の立場からではなく、一応の見通しのために、ここで他力の概念をあらかじめ呈示しておくことが必要である。

さてさきに見てきたごとく、即得往生・必得往生は、迷と証との分極であった。それでは、迷（過去）より証（未来）への移行の境目であるこの即得往生・必得往生は、迷と証との世界にいかに関係し、いかに交渉するであろうか。それは即の第一義の示すように、迷の時間の連続を廻心の瞬間によって截ち切って、判然と既往の迷の世界から自己を断絶せしめている。その限り証と自己を必然的に、否、自己同一的に結合せしめている。しかも即の第二義・必得往生の示すごとくいまだ証には到達せず、その位は順次生に証を得る一生補処の弥勒菩薩と同位であるとせられる。そしてその理由がまたまさに「煩悩に覆はれ」、迷の世界と関係しているからである。ゆえに即得往生の自覚は、(イ)一方証の世界に関しては、すでに現在においてそのうちにありながら、しかも今生における限りあくまでもその証と分裂し離在し、真実の証との合一を未来に望む状態にあり、(ロ)他方また迷の世界とはすでに現在において完全に遮断せられつつ、なお何らかの仕方で今生における限り煩悩によって迷の中にいるという、複雑な二世界への関係交渉をもっている。

(3)即得往生のこのような構造を、親鸞は行巻の「正信偈」のうちで極めて判然と語っている。今その大意を述べると、一度信楽を開発したものは、「(今生において)煩悩を断ぜずして(未来において)涅槃を得る」ことができる。弥陀の摂取不捨の本願の大海に入れば、万川が大海に入って一味なるがごとく、いわゆる善人悪人等の相対的な区別(これは煩悩の多少による)はもはや成立しない。信楽の開発にはただ廻心するか否かが問題なのである。一度廻心して、本願の大海に帰入すれば、そのとき以来彼は弥陀の摂取の心光のうちに入り、その時以来一切の無明の闇は照破されている。しかし貪愛瞋憎等の煩悩はそれだからといって消滅してしまったのではない。例えば弥陀の心光が日月のごとくに、真実の信心の天を照破しているとすれば、煩悩はこの日月の下に漂う雲や霧のごとき存在である。と言うのはあたかも、日月そのものをこの雲や霧が遮り見えなくするごとくに、煩悩が仏性を証することを障碍するからである。しかし「日月の、くもきりにおほはるれども、くもきりの下闇はれて明らかなる如く、貪愛瞋憎のくもきりに信心はおほはるれども、往生にさはりあるべからずと知るべし」。――無明の闇夜においては、なるほど雲霧は黒闇と一枚になってさながら黒闇の原理であるかのごとくである。しかし日月の照らす信心の天においては、雲も霧ももはや深い黒闇の根をもってはいない。――ゆえに信心を得れば、煩悩は存在しながら、しかも煩悩の底に蟠る深い五悪趣への繋縛の根はすでに截断されたということになる。しかし煩悩はやはり光を障える物であり、われわれはこれの存在する限り証の立場に立つことはできない。信の立場は証を未来に望む。信とは「無明の長き夜すでに暁になりぬ」という状態である(15)。

証と信との間の絶対の断絶を無視する禅家の「己身の弥陀、唯心の浄土」の内在主義の立場は、もとより浄土教の真義を顕彰することができない。しかしこれと対立する浄土家の指方立相の主張が単に彼岸と此岸とを離在させるのみであると誤り解せられるならば、これもまた浄土教の真義を尽すとは言えないであろう。指方立相の指す方向は未来であり、未来は証することができないにせよ、信の現在においてすでに将来していると考うべきではあるまいか。彼岸の世界については、経典には「去《ルコトヲ》レ此不レ遠《カラ》」とも、「従《リ》レ是西方過《ギテ》二十万億土《ヲ》一」とも説かれている。彼岸（将来する未来）の超越性の問題は、この遠さと近さのうちに端的に表現せられている。

第三節　信不具足（第十八願への転入）

最後にわれわれはこの宗教的決断の結果がどうなっていくかを明らかにしよう（一三〇頁参照）。以上われわれは宗教的決断の本質を、その自覚に顕われるままの姿において解明しようとした。そしてそこで自覚せられた決断の構造は、それがそのまま第十八願の宗教的決断であると言っても誤りではない。ただ第二十願の主体が真実にこの自覚せられた真理内容となり切っているか否かが問題である。こうして第二十願の第三の課題は、第二十願の主体が、あるべき自己であるこの宗教的決断の真理内容と、現実の自己との距離を、いかにして発見し、いかに悩み、いかにしてこの自己矛盾を止揚して真実の宗教的決断になり切るか、を明らかにすることである。もちろん厳密に言えば、この過程を媒介とすることによって、（第二十願の機から）真実の宗教的決断と考えられた真理そのものもさらに発展する。ゆえに真実の宗教的決断は、われわれがさきに述べた分析によってはとうてい表明し尽すことができない。ただ、教・行・信・証の円融する信楽の論理のみがこれを具体的に示すことができるであろう。また往相・還相の廻向、他力等の概念も、後者の立場でのみ真実の意義を解明するのである。その意味においては、われわれはただわずかに問題の片鱗をうかがったにすぎない。ゆえに第二十願の宗教的決断と第十八願のそれとが、自覚として同一であるとの上述の言葉も、制限せられた抽象的な意味でのみ妥当しうるものである。われわれはこのことを繰り返して断っておきたい。

『教行信証』の構造上から言えば、われわれが今問題としているこの「化身土巻」においては、すでに浄土真実の教・行・信・証の展開がそれ以前に完了しており、後者が前者の前提として予想されている。ゆえに親鸞の思索の重点は、第二十願がいかなる過程をふんで第十八願に転入するかにかかっている。したがって上述のごとき宗教的決断の自覚の構造を解明することは問題とならなかった。真実の教・行・信・証の論理を知り悉したものには、その抽象的模像は不用であるから。あたかも第二十願の願文中の「係念我国、植諸徳本至心廻向欲生我国、不果遂者、不取正覚」という文（六〇頁参照）は、親鸞のかかる見地に契合するように考えられる。彼は第二十願を、「すでにして悲願います。植諸徳本の願と名づく。また、係念定生之願と名づく。また不果遂者の願と名づく。復至心廻向の願と名づくべき也」（二二左　451）と記してこの願文の注目すべき点を列挙している。さてこれらの規定は、すべて「第二節　念仏申さんと思ひ立つ心」においてわれわれが取り扱った、直接自覚に顕わな「顕の義」ではなく、回顧的に第十八願より廻光返照されたときにだけ明るみに出てくる、第二十願の「隠密」の構造である。われわれはさきに第二十願の至心・廻向・欲生の三心を宗教的決断であると明記しながら、「第二節　念仏申さんと思ひ立つ心」においてその本質を解明する際に、この三心の語義に触れえなかったのも、この三心の語義が第二十願がいかにして第十八願に転入していくかを明らかにして後、初めて明瞭となるからである。

(一) 執持名号

まずわれわれは宗教的決断の自覚のその後の過程を追跡することとしよう。宗教的決断とは、宗教的実存が名号との邂逅遭遇において、この実存の全存在を名号に帰投し、委託することであった。実存はこうして名号そのものとなって生きることができるのであるが、そのためには遭遇はあらかじめ実存の根源悪の自覚によって準備せられることが必要であった。ところで根源悪は本質的に相続するものであった。ゆえに名号によって実存がこの罪障から離脱することができたとすれば、名号もまた、必然的に相続しなければならない。ところで名号は宗教的決断であるから、決断を反復せしめつつ現在から現在へと自己超越的（脱自的）に相続することができる。

そしてこの名号の相続においてはこの相続そのものが肝要なのであって、相続の時間の通俗的時間概念の意味する長短が問題なのではない。ゆえに時間の長さは「上百年を尽し、下一日七日に至る」（二四右　456）としても、また「上一形（一生涯）を尽し、十念三念五念に至る」（二五右　458）としてもいっこうに差支えはない。つまり、そのとき以来臨終までの相続そのものが本質的なのである。『阿弥陀経』に、

舎利弗よ、もし善男子善女人ありて、阿弥陀仏を説くを聞かば、名号を執持すること、もしくは一日もしくは二日もしくは三日もしくは四日もしくは五日もしくは六日もしくは七日、一心不乱にして乱れざれ。その人命終の時に臨みて阿弥陀仏、諸聖衆と与《とも》に現じてその前に在《まし》まさん。この人終らん時、心顚倒せずして阿弥陀仏の極楽国土に往生することを得ん。

と説くこの「一日乃至七日」は、「文はただ一日七日を挙ぐといへども、意は一生乃至十

声三声一声の時節を兼ぬ」(『阿弥陀経釈』)という法然の解釈が示すごとく、臨終までの名号の相続すなわち執持を意味している。親鸞もまたこの相続が名号の遍数にかかわりのないことを強調する。そしてこの相続心こそ決定の一心であり、若存若亡することのない淳心である。名号の相続において、真の「執心牢固の一心」が成就すると言うべきである。親鸞も、

経に執持といへり、また一心といへり。執の言は心堅牢にして移転せざることを彰はす。持の言は不散不失に名づくる也。一之言は無二に名づくるの言也。心の言は真実に名づくる也。(二〇右　447―448)

と解している。つまり執持の問題が、その本質的関連によって、そのまますんなりと一心不乱の一心に結びつき、また逆にこの決定の一心は自己の唯一無雑の真実を、執持という名号の脱自的相続性によってのみ実証することができると言えよう。執持と一心とは『阿弥陀経』の(したがって第二十願の)眼目である。

ところがこの名号の執持とともに、新しい自己矛盾がようやくこの一心の上に対自的となってくる。何となれば、「隠密の義」からすれば、第二十願は第十九願の観想・倫理の

立場より、今ようやく離脱したばかりであって、いまだ定散の残滓を脱していない。もちろん、第二十願不定聚の機は、決断によって飛躍的に転入したのであって、定散の二善への断絶・絶縁がそこに存在することは、いちおう承認すべきである。しかし定散への意識の上の訣別は、下意識のうちにはげしい執着を残してはいないだろうか。

われわれはさきに名号との遭遇を、罪障の絶望的な自覚によって無限に奈落へ墜落する主体が、超越的な力と衝突し、一挙にこの方向から跳ね上げられることに譬えた。同じ譬えを続けることとしよう。なるほど罪障の主体はこれによって一挙に方向を逆転せられ、罪障の主体は決断の主体となった。が、しかしながら決断の主体は、この転換の機微を十分自覚していないのではなかろうか。と言うのは、主体が超越者の力で貫かれ、超越者の作用（その力と方向と）を完全に生かし切ったと考えられるこの決断は、（なるほど超越者との遭遇と、その作用に因由してはいるが）実はこの作用とは全く方向の逆な反作用を含まないものであろうか。それならば罪障と同一方向への作用にすぎない。遭遇における決断は、自己の撃発する反作用と本来の作用である跳ね上げとの関係について、十分な省察をなさねばならない。

もし決断の主体が、十分に精密に自己反省を加えるとすれば、彼は超越者の作用に対しては自己の反作用が必然的なことを自覚するであろう。そしてさらに跳ね上げにおいてはこの反作用が超越者のうちに吸われて消えてしまう（ゆえに現実的な運動とはならない）ことをも理解し、作用と反作用とを混同することを極力しりぞけるに至るであろう。さてわれわれが第二十願の自力的契機、あるいは観想・倫理的残滓と呼ぶものは、この作用に必然的な反作用にほかならない。ゆえにこの必然性を全く無視した、単なる観想の一面的抽象的否定は、真実の「末通りたる」否定であることはできない。真実の否定は、否定さるべきものの排棄ではなく、このような排棄が本来不可能であることを自覚し、超越者の威神力によって貫かれることによって、否定契機を絶えず消滅契機として止揚し続けるごときものでなければならない。定散の二善からのかくのごとき断絶の自覚に、いまだ徹底しない抽象性のあることを、われわれはまた次のごとくに言ってもよいであろう。この第二十願の機が観想との抽象的断絶を自覚するそのことが、まさに観想的なのであって、この断絶の自覚において、かえって断絶は悪しき連続に逆転してしまっていると。「良《まこと》に教は頓にして根は漸機なり、行は専にして心は間雑す」と親鸞はこのような第二十願の決断の抽象性を批評している。ゆえに宗教的決断は、決断の反復によって鍛錬せられ、決断の自覚のうちにも、なおさまざまの陰翳のあることを覚知する必要がある。こうしてこの反復は一面よりすれば、同一の決断の繰り返しであり、同じ名号の反復でありながら、ようやく新しい精神の状況に目を開くことができる。

(二) 信心乱失

名号の執持は「よきひとのおほせをかぶ」った体験から始まった。親鸞にとっては、それは歴史的運命的な出来事であった。と言うのは、法然が彼の信仰生活の最初の時代を除いては、再会する機会もなかったただ一度の人であったばかりでなく、その邂逅遭遇の体験が、そのとき以来の彼の生活を、終始一貫して支配した根本原理であったからである。彼の信仰はつねにこの「よき人」を回想することに成立していたと言えよう。しかしながら、「よき人」の概念が単に過ぎ去った日の感激として脳裏に今もなおあざやかであるということだけで、現在においてこの遭遇が内化せられていなければ、現実のはげしい力はこのような安易な信仰を粉砕してしまうことはほとんど必然である。親鸞は『涅槃経』の文を引用して「是の如きの人、また信ありといへども推求にあたはず。この故になづけて信不具足とす」「この人の信心、聞よりして生じて思より生ぜず。この故になづけて信不具足とす」(一九一―一九二頁参照)と言っている。法然より聞いたところを、現実に「推求する」こと、現実において「思う」こと、これが名号の執持において、その後親鸞が精進した課題ではなかったか。おそらく法然と別れて、北越に遠流に処せられた親鸞が、念仏において「天におどり地におどる」かつての歓喜を失ったとき、孤独の彼を苦悩せしめたのはこの問題であったであろう。

何となれば最初の遭遇においては、われわれの信心が信不具足であるか否かを問題とすることができない。遭遇の踊躍歓喜がわれわれの目を眩ませ、具足の信と不具足のそれとの若干の距離を測定することを不可能にしているから。したがって既にたどりついたも同様であると考えた頂上が、歩むにつれて遠ざかる焦燥と失望とを、宗教的実存はしばしば体験しなければならぬ。キェルケゴールの引用する騎士物語を借用すると、「一人の騎士がほんの目の前に美しい小鳥を発見した。すぐ把えることができると思ったその騎士は、この小鳥を追いかけたが、小鳥は追われるだけ逃げるのでついに気のついたときは、荒涼の野につれこまれていた」と。われわれはこの小鳥に名号を譬えることができよう。歓喜に満ちてわれわれが名号を見出したとき、既にわれわれは僅かな測定を誤っていた。しかもこの誤謬は、荒涼の野において初めてようやく自覚せられてくる。そしてわれわれが焦燥をもってこの距離を追いつめようとするとき、われわれはその一歩が実に無限の距離であることを悟るに至るのである。が、いかなる場合にも相変わらずそれは一歩である。このような追跡を外面から観察する観察者より見れば、この宗教的実存は全く名号を手に入れているも同様に思われる。すなわち彼はますます全存在を傾け尽して名号を執持していることであろう。しかも彼の内面には深い絶望が生じている。もちろん、この絶望も一歩が同時に無限の距離であるというこの意識の構造の特殊性によって、さきの定散への絶望とは異なった性質をもつと言うことができよう。後者においては、懐疑が次第に明るい希望を消していくという仕方で、絶望の闇夜はせまってきた。しかしここでは、絶望と希望とはあざなえる縄のごとく、あるときには熱狂的な信心が、そして次の瞬間には限りなき絶望が、というふうにこもごも入り乱れて、名号の執持のうちにあらわれてくる。すなわちかかる「信心乱失」の状態は、「没して没しおはりて還りていづ、出でおはりて還りて没す」（一九二頁参照）という親鸞の表現のごときものとなる。しかし結局は絶望である。

さて第二十願の執持名号が、名号においてしかもなお、救済に絶望するに至ったとすれば、この絶望は単に自己自身に絶望するのみでなく、また「よき人の仰せ」に絶望することとなる。すなわち善知識に対して、また弥陀廻向の御名に対して絶望し、絶望において両者に反抗することとなる。われわれはこれまで絶望という語も、罪障という語も同義語に使用し、かつさまざまの含蓄のある、ゆとりの広い概念として考えてきた。しかし真の罪悪は、絶対者の救済に対する反抗としての絶望である。何となれば、自己自身に絶望しつつ、しかもその絶望において絶対者の慈悲と対立し抗争して仏の廻向に帰投せず、かえって自己の有限性を押し通そうとする有限者のこの我慢は、絶対者を自己と対立するものとして相対化し、これを蔑ろにすることであり、またさらに、かく絶対者を相対化することによって自己と対立させることから、ひいては自己を絶対者の地位に置こうとする反逆となるものであるから。

　このように本願の名号を執持することがかえって自覚を最奥の絶望へと導き入れたとすれば、もはやこの絶望を脱却する道は全然存在しないとも思われよう。しかしながらこの最奥の絶望において、かえって善知識の深い意味が、初めてその救済の力を十全的に発揮することができる。善知識「よき人」とはいかなる人であったか。彼は何とわれに教えたのであったか。彼は自らの無なることを懺悔しつつ、名号に自己を全く託していたのではなかったか。彼の教えたこともまた、彼自身のごとくにせよということではなかったか。「弥陀いかばかりの力ましますとしりてか、罪業の身なればすくはれがたしと思ふべき」（『歎異抄』一三）。ゆえにわれわれが最奥の自覚に到達し、自己の無なることを痛く自覚した今こそ、真によき人の懺悔をわが身にひきあてて推求することができるのではないか。「よき人のおほせ」を聞きつつも、回顧すればその聞き方がかつては浅かったと言うべきである。われわれはいまだ「聞不具足」であったのである。こうして「よき人」との遭遇は、過去の出来事でも、思い出でもなく、聞より思に進んだ今こそ決断の瞬間であり、今この絶望においてしかも信ずるか否かが、真に難値難見の善知識との遭遇を、「真の強縁」たらしめるか否かを決定することとなる。

　それゆえに建仁辛酉法然に遇ったという親鸞の歴史的出来事は、彼の信仰のこの現在を通じて初めて真の意義を発揚することができた。第二十願の機に「専にして専なれ」と執持の策励されているのも、つまりこの聞の段階から思の段階へ宗教的実存にさらに一段の飛躍転入をすることを得させ、第十八願の信楽を開発させるためのものであった。そしてこの第十八願の機においては、名号を決断して執持することは、もはや自己の決断に対する信頼から成立するのではなく――自己の決断がそれだけでは信頼できないことは、すでに試験済みである――むしろ「よき人」の自覚に全託すること、よき人の決断を信頼することにおいて成立する。ゆえに信仰は単に個人の宗教的決断というよりも、自己の決断の自覚の底を突き抜けた、汝の決断によって成就する。しかしこのことは、言うまでもなく私の決断を抽象的に否定することではない。私が汝の決断に推求することができたのは、私の決断が汝の決断と同等のものとなりえたからにほかならない。決断はかくして第二十願の反復によって鍛錬せられて、その脱自性を主体の内部の内的時間性（第二十願の「執持名号」）の領域から、私と汝とが真に対面し、私が汝に脱自する、推求の領域へと、飛躍転入させたのである。

そしてこの推求の領域において、第二十願の執持名号の内的時間は、歴史的な時間となる。何となれば汝への推求は、さらに汝の汝へと溯源的に推求せられ、「よき人」法然は善導へ、善導はさらにその先へと推求せられることとなるから。こうして念仏をとりて信ずる決断は、この溯源的推求によってはるかに選択本願に溯源せられる。そして私自身の内において、一念即多念、多念即一念[16]の真実の称名が相続せられるに先立ち、すでに歴史そのものが一つの念仏の主体であり、浄土教の祖師たちにおいて、脱自的に念々（時代時代）不断の念仏を現実に行じて来ていることが知られる。したがって私の内に真実の一念多念の相即する念仏の大行が行じえられるのも、実に私がこの歴史的伝承に生きることによる。さきの『歎異抄』の文にも、「面々のはからひ」である念仏の信が、また「弥陀の本願まことにおはしまさば釈尊の説教虚言なるべからず。仏説まことにおはしまさば善導の御釈虚言したまふべからず。善導の御釈まことならば法然のおほせそらごとならんや。法然のおほせまことならば、親鸞がまうすむね、またもてむなしかるべからずさふらう歟」と語られている。正像末の史観と表裏相即する親鸞の浄土教史観をわれわれは、行巻の「正信偈」において、また「高僧和讃」において見出すことができよう。前者が客観精神の歴史であるに対して、後者は絶対精神の歴史であると言うことができる。そこでは釈迦・龍樹・世親・曇鸞・道綽・善導・源信・法然の伝記と教えとが簡潔にしかも深い洞察と心からの共感をもって叙述せられ、浄土教が歴史的伝統をもつことが、そしてこれらの師がこの伝統を受け継ぎつつ、いかに個性の豊かな仕方でそれを展開してきたかが示されている。「自性唯心に沈む」ことを嫌う親鸞の信楽は、このような浄土教の歴史的伝承において成就すると言うべきであろう[17]（曽我量深師『親鸞聖人の仏教史観』『本願の内観』参照）。

(三) 第二十願の三心

第二十願より第十八願への転入が以上のような自覚過程をたどるとすれば、以下の『涅槃経』引用の一連の文は、従来十分注目せられなかったのであるが、第十八願への転入の眼目であると言うことができよう。

(1)[18]涅槃経にのたまはく、経の中に説くがごとし。一切梵行の因は善知識なり。一切梵行の因、無量なりといへども、善知識を説けばすなはちすでに摂尽しぬ。わが所説のごとし。一切の悪行は（善知識を信ぜざる）邪見を因とす。一切の悪行の因無量なりといへども、もし邪見をとけばすなはちすでに摂尽しぬ。あるひはとかく、阿耨多羅三藐三菩提は信心を因とす。この菩提の因また無量なりといへども、もし信心を説けばすなはちすでに摂尽しぬ。

(2)(a)またのたまはく、善男子、信に二種あり、一には信、二には求なり。是の如きの人、また信ありといへども推求にあたはず。この故になづけて信不具足とす。信にはまた二種あり。一には聞より生ず、二には思より生ず。この人の信心、聞よりして生じて思より生ぜず。この故になづけて信不具足とす。また二種あり。一には道あることを信ず、二には得者を信ず。この人の信心、ただ道あることを信じて、すべて得道の人あることを信ぜず。この故に名づけて信不具足とす。また二種あり。一には信正、二には信邪なり。因果あり、仏法僧ありといはん。これを信正となづく。因果なし、三宝の性ことなりといひて、もろもろの邪語富蘭那等を信ずる、これを信邪となづく。この人、仏法僧宝を信ずといへども、三宝同一の性相を信ぜず。因果を信ずといへども得者を信ぜず。この故に名づけて信不具足とす。この人、不具足信を成就す。

(b)善男子、四の善事あり、悪果を獲得せん。何をか四とする。一には勝他のためのゆゑに経典を読誦せん。二には利養のためのゆゑに禁戒を受持せん。三には他属のためのゆゑに而して布施を行ぜん。四には非想非々想処のためのゆゑに、繫念思惟せん。この四の善事、悪果報をえん。もし人かくの如きの四事を修習せん。これを、没して没しおはりて還りていづ、出でおはりて還りて没すとなづく。何が故ぞ没となづくる。三有を楽ふがゆゑに。何が故ぞ出となづくる。明を見るをもつてのゆゑに。明はすなはちこれ戒施定を聞くなり。何の故にか、かへりて出没するや。邪見を増長し憍慢を生ずるがゆゑに。この故にわれ、経の中において偈を説かく、もし衆生ありて諸有を楽ふて、有のために善悪の業を造作する。この人は涅槃道を迷失するなり。これを暫出還復没となづく、黒闇生死海を行じて、解脱をうといへども、煩悩を雑するは、この人かへりて悪果報をうく。これを暫出還復没となづく。

(c)[19]如来にすなはち二種の涅槃あり。一には有為、二には無為なり。有為涅槃は無常なり。常楽我浄は無為涅槃なり。常人ありて、ふかくこの二種の戒ともに因果ありと信ぜん。このゆゑになづけて戒とす。戒不具足とは、この人は信戒の二事を具せず。所修多聞にしてまた不具足なり。いかなるをか名づけて聞不具足とする。如来の所説は十二部経なり。ただ六部を信じていまだ六部を信ぜず。この故になづけて聞不具足とす。またこの六部の経を受持すといへども、読誦して他のために解説する能はずして利益するところなけん。この故になづけて聞不具足とす。またまたこの六部の経をうけおはりて、論議のためのゆゑに、勝他のためのゆゑに、利養のためのゆゑに、諸有のためのゆゑに、持読誦説せん。この故になづけて聞不具足となす。(二六左―二八左 462―466)

上掲の(1)、(2)(a)において明らかにした引文において、信が聞より思に進むべきことが説かれている。(2)(b)において、聞より思に至りえない第二十願の絶望の状態が、「没已還出、出已還没」、「暫出還復没」等として示されている。注意すべきことは、このような絶望の状態が勝他・利養・他属（他を支配する）等の現世の名聞（諸有）を楽う心に起因していて、絶望とは、邪見を増長し（邪見とは善知識を信ぜざること。一切悪行の因。(1)参照）憍慢を生ずることであるとせられている点である。如来廻向の御名に絶望することは、絶対者に反抗する我慢であるとわれわれはさきに記した。ところでこの我慢は、利養・勝他・他属等の現世的欲望と一つであることがここで明らかにせられている。絶対者に廻心帰入すべき相対が相対として独立に自己を維持しようとする我慢が、このような相対者相応の欲望と一つであることは容易に考えられるところである。が、ここで問題とせられているのは、単純な現世的欲望の主体としての自己ではなく、現世的欲望の否定である涅槃道において、顚倒した名聞利養を欲求する我性の妄想顚倒である。このことはこの経文によって明らかに知られる。それは出世間の善を励み、(2)(c)の示すような、有為涅槃の解脱（第二十願の宗教的決断はかかるものである）を得ることができる。しかし自我の最奥の根底はいまだ浄められず、常楽我浄に到達していない。ゆえに一時的解脱はまたたちまちに絶望へと転じてしまう「無常」なものである。

すなわちかかる我性は唯識説にいわゆる末那識に相当するものであろう。それはわれわれの存在の最奥に潜む我慢・我痴・我見・我愛であって、相対者をして絶対者に対立せしめる

Ärgernis, Trotz の原理である。しかしこの原理はまた、我慢のために善をも励む。何となれば絶対善である絶対者と対立し、自己を絶対化するためには、絶対者の善を己に簒奪して、自己を善とする必要があるから。――ゆえに末那識は有覆無記であるとせられている。無記というのは、この識が一切の染汚の原理であり、つねに我慢等四煩悩とともにあるものでありながら、しかもいわゆる善行とも相即することができるから。有覆というのは、この識が善とともにあるときにも、つねに悟に対しては障碍となるからである。善とともにあることにおいては、安慧の『唯識三十頌』の釈は「善と無記との心において常に我慢の因となる」と述べている。――しかし善はただ絶対者においてのみ末通りたる善でありうる。ゆえに我性はたちまちに絶望に転じ、絶望において自己を保とうとする。世親においても自己に仏性のあるを信じない下劣の心と、仏性において高慢になる心とはともに我執の形態であると考えられているごとくである（『仏性論』巻二）。

しかしてこのような我性は、元来人間の自我に本質的であり、「生処に繋属する」（『唯識二十論』第七参照）生得的なものであるから自力によっては離脱できない。ただ絶対者よりの廻向に摂取せられ、廻心懺悔するときにのみ、それから解脱しうる。というのは我慢の側から構想せられた絶対者ではなく、真実の絶対者の光に触れるときは、この闇の原理は即時に消滅しなければならないから。自我（Ichts）は無（Nichts）であるとベーメは言った。末那識というのも思惟の原理とせられ、有身見の自我であるとせられるから、かかる本来無なる自我であると言うことができよう。本来無であるとは、それが一切の煩悩等の原理であり根拠であるゆえに、後者のもつ虚無性よりはいっそう虚無であり、一切の非存在的なるものの根拠である非存在そのものとでも言うべきものであることを意味する。唯識説ではこのような非存在の根拠を依他起性と言っている。ゆえにかかる依他起性においては、(イ)無が二重化していると言うことができる。またそれは、(ロ)非存在的なるものの根拠として、いっそう存在せねばならないとも存在してはならないとも結論せられる。つまり自己矛盾的な根拠存在である。

　ゆえにこの(イ)(ロ)、いずれの面よりしても依他起性は、自己自身を否定しなければならない。あるいは少なくとも、それは光の招喚への誘致をもち、唯識説が転依――根拠の翻り――と呼ぶ廻心に待機していると言うことができる。ゆえに廻心において、我執の顛倒を翻すことができれば、相対は無我となり絶対に帰入することができる。しかしながらこのように無我となることは相対が消滅してしまうことではなく、帰入した相対はそのまま絶対者の顕現として常楽我浄となることができる。けれどもこのことは、絶対者によって、相対に本来的な我性が浄められ続ける限りにおいてである。すなわち唯識説が転依と呼ぶこの絶対者への転入は、顛倒からの「常時の遠離」(『唯識三十頌』第二一参照)でなければならない。ゆえに廻心(転依)は、また戒を具足する必要がある。

　ゆえに(2)(c)においては、有為涅槃と無為涅槃とが「二種の戒」であると説かれ、あるいは「信戒を具足す」と言われている。戒とは(b)と(c)に説かれている顛倒した我慢の名聞利養を戒めるのである。ゆえにこの戒を守る信戒の具足者は、消極的にこの罪障を避けるのみでなく、(2)(c)に説くごとく「他のために解説し利益する」「自信教人信」の生活に入って積極的にこの戒を満たさねばならぬ。親鸞も、

真に知んぬ、専修にしてしかも雑心なるものは大慶喜心をえず。かるがゆえに宗師は、かの仏恩を念報することなし、業行（念仏）をなすといへども心に憍慢を生ず、つねに名利と相応するがゆえに、人我おのずからおほつて同行善知識に親近せざるがゆえに、このんで雑縁にちかづきて、往生の正行を自障障他するがゆえにといへり。かなしきかな垢障の凡愚、無際よりこのかた助正間雑し、定散心雑はるがゆへに出離その期なし。みづから流転輪廻をはかるに、微塵劫を超過すれども仏願力に帰しがたく、大信海に入りがたし。まことに傷嗟すべし、ふかく悲嘆すべし。（三一右―左　471―472）

と言っている。

善知識において、自身の我性を懺悔した心には、「身を粉にしても報」じようとする仏恩師恩への報謝の念が燃え立つ。さきに善知識を信じる心は(2)(a)において「仏法僧の三宝

の同一性を推求する心」とせられていた。三宝の同一性を推求する心は自己を法然に、法然を浄土教史に顕現する永劫の弥陀に推求するとともに、また自己の信を後世に伝え、自信教人信において仏恩師恩に報じようとする。『教行信証』の末尾にも、この書の述作の理由が次のごとく記せられている。

　慶しき哉、心を弘誓の仏地にたて、念を難思の法海にながす。ふかく如来の矜哀をしりて、まことに師教の恩厚をあふぐ。慶喜いよいよ至り、至孝いよいよ重し。茲によりて真宗の詮を鈔し、浄土の要を摭ふ。ただ仏恩の深きことを念ふて、人倫の嘲をはぢず。もしこの書を見聞せんものは、信順を因とし、疑謗を縁として信楽を願力にあらはし妙果を安養にあらはさん。安楽集にいはく、真言を採り集めて往益を助修せしむ。何となれば、前に生ぜん者は後を導き、後に生ぜん者は前を訪ひ、連続無窮にして願くば休止せざらしめんと欲す。無辺の生死海を尽くさんがためのゆへなり。
（末四一右　582）

　さてかかる立場から回顧すれば、いまだ絶望に陥らなかった絶望以前の第二十願の宗教的決断も、即自的な絶望であり、潜在的な、名号に対する反抗であったことが明らかとな

る。親鸞は、

凡そ大小の聖人、一切の善人、本願の嘉号をもつて己が善根とするが故に、信を生ずること能はず、仏智を了らず、彼の因を建立せることを了知すること能はず、故に報土に入ること無き也。（三一左　472）

と記している。本願廻向の名号を簒奪する我性の顚倒についてはすでに述べた（七五—七六頁参照）。

そしてこのことは、『無量寿経』の異訳、『無量寿如来会』の第二十願文が、

もしわれ成仏せんに、無量国中の所有の衆生、わが名を説くを聞きて、己が善根として極楽に廻向せん。もし生れずば菩提を取らじ。（二二右　452）

となっており、また『無量寿経』の第二十願の願成就文の、

此諸智において疑惑して信ぜず。しかるになほ罪福を信じて善本を修習して、その

国に生ぜんと願ぜん。此諸衆生は彼宮殿（化土）に生ず。（二二右　451）

となっているのを照らし合わせて考察すれば、経文自身によってすでに明らかであると彼は考えた。

そしてこの点から、第十九願至心・発願・欲生、第十八願の至心・信楽・欲生と対照せられる第二十願の至心・廻向・欲生の三心が、自力的であることが明白となる。しかし第二十願の自力的性格が十分に自覚せられるとき、その宗教的精神は第十八願に転入している。それでは第十八願の信楽の風光はいかなるものであろうか。親鸞は化身土巻とは区別して、浄土真実の教行信証について、その信楽の構造を明らかにした。つまり、それは新しい立場、新しい出発である。われわれは他日稿をあらためて、この信楽の論理性を明らかにしたい。

註

(1)『教行信証』においては、「浄土真実」が「方便化身土」に先行しているから、浄土真実が方便の前提となっていることが、明瞭に理解せられる。もちろん現行本の成立史から見れば、元仁元年の年号をとどめ、その他若干の箇所で初稿本を彷彿させるところのある「化身土巻」の方が、その成立はかえって「浄土真実」の諸巻よりも早いかもしれない——この問題は今日でも、早急に決定することができない種々の困難な問題を含んではいるが。

(2)本書六九—七〇頁参照。親鸞は「方便化身土巻」の完成を「今……遂げんと欲す」として表現している。この「今」はまた、『教行信証』の総序の「爰に愚禿釈の親鸞、慶しきかなや、西蕃月支の聖典、東夏日域の師釈遇ひ難くして、今遇ふ事を得たり、聞き難くして已に聞く事を得たり。真宗の教行証を敬信し……」の「今」と呼応している。

(3)自らすすめ、自ら率い、自ら正す意。親鸞は自督を註して「督・冬毒反也。勧也・率也・正也」と記している。すなわち自督とは自己批判による向上的な自己領解である。

(4)三願転入の語は特に親鸞の自督を述べた最後の数行をいうのであるが、ここでは「化身土巻」の初めからその部分までの全体を指示することにする(一右—三二右 407—473)。

(5)『末法燈明記』を親鸞は「最澄の製作」と尊重しているが、この書は後人の偽作であるとも言われているだけに、内容も変なところが多い。親鸞は正像末の史観を述べるために、ほとんどこの書の全体を引用し、丁数も三五左—四四左 481—500の長きに及んでいる。彼の目的は末法無戒の姿をこの書を証拠として示そうとしたもので、『燈明記』の主張とは関係がないと言われている。われわれもこの説に従って、以下のこの書を解した。愚禿親鸞は、末法無戒の僧の姿に、自己を見出し、「愚中之極愚、狂中之極狂、塵禿之有情、底下之最澄」と懺悔した最澄と、一味の思いでこの書を引用したのであろうか。

(6)『愚管抄』の著者慈円は、若い日の親鸞の師であると伝えられる。『愚管抄』は、末法思想を基調とする歴史哲学であって、われわれはこの書のうちに、親鸞の場合と同一の時代精神の表現を、判然と認めることができる。慈円においても「劫初劫末の道理」は、「イカニ心エアハスベキゾトイフニ、サラニサラニ人コレヲ教フベカラズ、智慧アラン人ノワガ智解ニテシルベキ」ものであって、この史観が現存在に内化されねばならないことが説かれている。またこの道理は仏教・儒教・記伝等一切の学問の精粋であって、これによって人は世の移り行く所以を知ることができるとともに、さらに現在において何を未来に(被投的に)企画せねばならないかをも諦観すると教えている。

(7)この第二十願と第十八願との表裏相即の自覚が体験の事実であるということを、この自覚を成立させる根拠が超越者としての弥陀の力であると言ってもよい。しかしどうして、弥陀はこの自覚を可能にするかをさらに問うとすれば、それの答えは得られない。むしろ問うこと自身が封じられている。超越者との遭遇において、真に具体的な自覚が成立するということは一つの不可思議に属する。そしてこの自覚の了々たる覚知の側に不可思議の感じが存在することによって初めて遭遇ということも意味をもってくる。

（8）　後述のごとく第十九願は無常感によって発起された菩提心を根本の動力としている。ところで死の不安とは、勝義において、ただ身体的存在にのみ起こりうる（身体を離脱した霊魂は不死であるかもしれない）。ゆえに発菩提心とは、死という限界状況においての身体性を媒介とした身心の決断である。第二十願が、身心を投入して、名号を信ずる宗教的決断であることは、第四章で詳述するはずである。

（9）　この部分および後の唯識説の問題に関しては、私は山口益博士の「中観瑜伽論諍の歴史的意義」（『仏教に於ける無と有との対論』一—三八頁）および同じ立場にあると私には考えられた長尾雅人博士の「空義より三性説へ」（『哲學研究』二五〇号）に教えられたところが多い。「教行信証における教の概念」（『武内義範著作集』第一巻、一九九九年、法藏館）参照。

（10）　これらの語が第十八願の信楽を表現する言葉であると解する従来の解釈はもちろん正しい。ただ私見によれば、第二十願という宗教的精神は宗教的決断としての自覚では全く第十八願と同一であって、ただ下意識のうちに第十九願的な自力主義の残滓をとどめている点が第十八願と異なるにすぎない。ゆえに決断の自覚内容としては、これらの語を第二十願にまで拡充して用いることができる。

（11）　なお『摂大乗論』応知勝相品第二（真諦訳）、および世親の『摂大乗論釈』巻六には、仏との遭遇をそのありがたさのゆえに、過去世に繰り返して強調することを「別義意」と定義し、別義意の真の理解は、三性義によって、すなわちわれわれの以下に解するごとく、真如と無明との熏習の関係によって、理解せらるべきであるとしている。ここで特に『大乗起信論』を問題とするのは、これら唯識系著述のうちでこの書が、もっとも一般に親しまれているからである。

（12）賭と遊戯との関係を明らかにするためには、まず遊戯と退屈との関係を明らかにすることが必要である。パスカルや、ハイデッガーの用語に従えば、退屈とは、現世否定の精神が、発菩提心にまで徹底し切れず、厭離の気分を裏に潜めつつも、なお現世に執着している状態である。ゆえに現世への享楽が、野心・名誉欲等々の場合のごとくに、直接的な野生的な強力さではあらわれず、これらの現世的な関心に対しては一応無関心な、力弱い関心となってあらわれる。すなわち、退屈が顕わにするかもしれない現世の虚無性へ深入りすることを回避するために、気分を紛らす遊戯がそれである。賭は、同様の仕方でもう一度、この遊戯を否定したものである。すなわち、賭は、遊戯に退屈した状態である。現世否定を媒介とした現世執着を、対自化したものが遊戯である。退屈が包蔵している、この――人はトランプをおもしろくするために金を賭ける。――賭が成立するためには、(イ)現世のみならず、自己をも遊戯と考えることが必要である。賭は何らかの意味で自己の存在を遊ぶものであるから。(ロ)自己自身賭けねばおもしろくないほど、享楽に対する感受性がすでに鈍くなっていなければならない。また自己自身を賭けて遊びうるほど、自己自身に対する矜持が鈍っていなければならない。(ハ)しかし同時に、自己自身をも賭けねばならないほど、遊戯への関心が強烈でなければならない。すなわち享楽に対する感受性が――二乗化せられ三乗化せられ、次第に冪を高めつつ、——鋭く烈しくせられていなければならない。また自己自身を賭けて遊びうるほどに、自己自身に対する矜持が肥大していなければならない。だから賭は、遊戯でありつつ、遊戯の無関心さ、不真面目さを乗り超えて、再び情熱的な性質を帯びてくる。したがって賭はもう一度現世的な強烈な享楽と一致する。しかしながら賭の成立する際には、いつでもどこかに人生を地道に考えていない遊びがある。

要するに、退屈↓遊戯↓賭においては、現世否定の極よりも現世肯定の極がつねに積極的であって、現世否定はどれほど多く積み重ねられても、絶えず直接的な現世享楽に帰結する。日常的存在の残余と言ったのは、この否定においてつねに再生的な現世享楽の執着である。

(13) キェルケゴールが可能性は現実性よりもいっそう高次であると考え、また可能性によって訓練される(『不安の概念』第五章)と言ったのもかかる未来そのものにほかならない。通常現実性は可能性よりも、より高次のものと考えられる。これに対して、現実性よりもいっそう高次の可能性と呼ばれるものは、可能性↓現実性の目的論的考察によっては理解せられない、将来する未来としての可能性である。また同じことをヤスパースのごとく可能性なき現実性(『実存哲学』五九—六二頁)と言ってもよい。可能↓現実、原因↓結果等の系列において考えられるもののみが可能性であるとすれば、より高次の可能性は、可能のない現実、未来そのものが現(存)在に将来された遭遇の絶対的現実である。この互いに矛盾した表現は同じく目的論的「可能→現実」性の視野を脱した未来そのものを指示している。

(14) そして不安のもっとも原始的な根源的な形態が死の不安である。ゆえに例えばわれわれが第二十願で考察した罪の顕わにする現(存)在の無も、死の不安と結合してのみ、真実の意義を発揮することができた(一般に罪と死とが宗教的実存においてはつねに融合しているのはこの理由に基づく)。業の思想では無明は過去からの熏習力であった。しかし業感は飛躍する現在化において、その触覚の尖端を未来性と不安のうちに伸ばしている。親鸞の「世々生々に迷ひければこそありけめ」という業感にも、「地獄は一定すみかぞかし」という不安が結合している。良心の顕示する罪障の無が未来から将来する善知識の遭遇によって完成したのも、罪障の問題が未来性を通じて真実の姿を顕わにすることを語っている。

(15)『尊号真像銘文』において親鸞は、経文や浄土の高僧の文のうちから、特に重要なものを選択して、これに解釈を付している。その末尾に「和朝愚禿親鸞正信偈文」として、われわれがここで問題とした箇所を引掲して、自ら以上のごとく解釈している。

(16) 決断において、単に遭遇・歓喜等の「時剋の極促」のもつ一面をのみ抽出して、脱自的相続性の他面を顧慮しない立場を、一念義という。親鸞は師法然や隆寛とともに、極力この「一念義のひがごと」に反対してきたが、他方また師法然の教えが誤り解せられがちであった多念義に対しても鋭く批判を加えた。多念義とは、われわれの立場から見れば、決断の反復を単に抽象的倫理主義的に解している、第二十願の形式的な「執持名号」である。親鸞は「一念のひがごと・多念のひがごと」を止揚した自己の立場を、「一念即ち多念なり、多念即ち一念なり」としている。われわれはこのような一念多念の相即が歴史的伝承に生きることによって成就することを明らかにした。

(17) 親鸞は、この歴史的伝承を、本願力として把えている。本願力の内容を立ち入って論じることは、行信の両義を解明するときまで残留しておきたい。要するに、それは内在的宗教が超越的宗教に転入する際に、是非とも附加せられねばならない後者の本質的契機である。われわれがここで注意せねばならないことは、この本願力がさきの他力の概念の核心であることである。われわれは他力を解明する際に、この他力を、決断の主体に将来する未来の肯定的側面と考え、これを即得往生と必得往生との関係から明らかにしようとした。今やわれわれはこの両往生を精神現象学的見地から結合することができる。

すなわち決断が真に即得往生の示す「時剋の極促」を把え、現在(今)に生き、(二)に明らかにした名号との距離をなくする)ためには、本願力の顕現している歴史的伝承を継承することが必要であることが今や明らかとなった。そして親鸞の言葉の示すごとく、往生の必然性もただこの歴史的伝承によってのみ、保証せられる。ゆえに、即得往生の示す実存の現在的契機と、必得往生の示す実存の未来的契機とは、本願力の深遠な過去性によって媒介せられて結びつくのである。そこでこの両往生の包む他力の概念が、親鸞において、しばしば本願力と同一視せられる。

だが信楽の示す永遠と時間との相即のうちで、本願力は信楽の過去的契機を、他力は未来的契機を示す点で、両者は、相違する。信楽の即得往生・必得往生において、永遠と時間とが、過去・現在・未来の三時相によって、複雑な弁証法的綜合をなすことを——即身成仏が単に永遠と現在とを、簡単に結びつけるに比して——われわれは、第十八願の至心（至誠心—過去）・信楽（深信—現在）・欲生（廻向発願心—未来）の関係から、明らかにせねばならぬ。これらの実存的論理的解明を行なうものが、教・行・信・証の範疇の円融無礙なる関係である。われわれはここでは、歴史的伝承を過去から現在へ受け継ぐということが、㈢においても問題とするごとく、現在から未来へ受け伝える実践をほかにしては、成就しないことを注意するにとどめよう。未来・現在・過去の三契機が、希望・信仰・約束として、宗教的実存の本質的内実をなすことが、『教行信証』の問題と別にではあるが、最近田邊元博士によって、説かれている。ここで十分に論ずることのできなかったこの問題に関しては、同博士の「永遠・歴史・行為」（『哲學研究』二九五—二九七号）を、研究せられることをお奨めしたい。（補註6）

(18) ⑴⑵(a)(b)(c)等の見出しは筆者の都合で附加したものである。

(19) 以下の文は『涅槃経』の本文とかなり相違している。中井玄道氏校訂の『教行信証』のごときも、誤脱によるものとして訂正している。けれども今は坂東本に従って読み、親鸞独自の意を含むものと解した。したがって筆者の理解がもし正しいとすれば、この文は『涅槃経』の文とは全く別の意を有するものに変形せしめられていることとなる。

補註（以下の補注は、改訂版刊行にあたって新たに付されたものである。）

（1）この書が出版された後に、坂東本を中心にした親鸞の『教行信証』の著作過程について、幾多の注目すべき研究がなされている（慶華文化研究会編『教行信証撰述の研究』参照）。私は最近坂東本について綿密な研究を行なった赤松俊秀博士の「教行信証（坂東本）について」（『鎌倉仏教の研究』七三—一〇六頁）に教えられるところが多かった。博士の学説は、私がここに記したことを大体において裏付けているごとくに思われる（もっとも赤松博士は、さきの『六要鈔』の「この書」というのは信巻のことであるとせられる等、こまかい点では私と同意見ではないところが多々あるが）。したがって種々のその後の研究を参照した結果も、この問題に対する私の考えは以前のそれと異なるところはない。

（2）拙稿「教行信証における教の概念」第二章　三願転入と三諦円融（『武内義範著作集』第一巻、一六三頁）参照。

（3）ヘーゲルの論理学に対する評価は、この書が書かれた西田・田邊哲学の時代と今日ではやや異なってきているとも考えられよう（これらの哲学は、東洋の思想、ことに仏教のそれを媒介としながら、その核心においてヘーゲル哲学を現代に生かそうとしたものと言えよう）。この傾向の生じたのは、キェルケゴールのヘーゲルの論理学に対する批判の影響が、実存哲学を通じて次第に支配的となったこともその一つの理由であるが、反形而上学的な現代の英米哲学の影響もまた見落とすことができない。

キェルケゴールのヘーゲル批判は、キリスト教的実存の立場としては、当然の正しい主張を含むが、仏教の立場、ことに華厳の哲学のようなものを考えに容れると、ヘーゲルの哲学的論理が高い意味で宗教性をもちうることも否定できない。それとともに実存哲学もその円熟期に達して、実存的思惟と哲学的論理（学）との関係を次第に深く反省するにつれて、今日では再びヘーゲルの再認識に迫られ、私のいわゆる信楽の論理とでもいうべき立場に近づきつつあると思われる。――ハイデッガーの場合も、ヤスパースの場合も、最近の著作では、それぞれ反対の方向からこの問題に取り組んできている。

他面、現代の英米哲学がその生成の過程でブラッドレー等の英国におけるヘーゲル観念論学派を超克してきたことは、留意せられねばならない。しかし今日ではこれらのヘーゲル理解の抽象性を指摘し分析哲学を超えてもう一度ヘーゲルの正しい理解にかえろうとするフィンドレーのような新しい型のヘーゲル研究もあらわれてきていることを考慮してよいであろう。現代の（科学哲学・分析哲学と実存哲学とに分裂して精神分裂症的破綻を示している）哲学は、西田・田邊哲学の線を延長した点で新しい綜合を――少なくともその一つの可能性を――見出すのではないであろうか、私はそのような意味で、ヘーゲルの標榜した弁証法的論理の立場は、実存哲学を媒介として具体化せられて信楽の論理となるとの確信を依然としてもち続けている。

（4）　この書が書かれたときに、ハイデッガーの（いわゆる「帰向」以後の）新しい立場の展開はいまだなされていなかった。ハイデッガーの「即身成仏」的な神秘主義とここで言ったものは、この彼の後の立場でいっそう明瞭にあらわれてきている。例えば最近の彼の四和合（das Gevierte）という思想において——彼の存在への思惟の特色を示すこの着想には、曼荼羅的思惟の色彩さえ認められるであろう。

（5）後期のハイデッガーは、存在の真理が顕わになる場（Ort）を考えることによって、実存のありかとしての空間性を取り入れ、ヤスパースもまた時間性の方向へ（すなわち彼の立場からする歴史哲学の問題へ）、その思想を具体化してきた。しかし両者とも、ここで言う、実存論的な意味での時間性と空間性との根源的な円融相即には、今日でもまだ到達していないと私は考えている。

（6）『田邊元全集』第七巻参照。この問題はさらに博士の『懺悔道としての哲学』（全集第九巻）でいっそう具体的に展開せられた。本書に示された田邊先生の三願転入と三心釈の哲学的解明の重要性については、別の機会に詳細に論じたいと思う。

解説

石田 慶和

この解説では、武内義範先生の親鸞思想についての考察の基本的態度を明らかにするために、本書と、先生が引き続いて『哲學研究』に発表された論文「教行信証における教の概念」第一章序説（『武内義範著作集』第一巻所収）について、その概略を紹介することにします。

一、『教行信証の哲学』について

この書は、昭和十六年（一九四一）に刊行されたものですが、当時『教行信証』を哲学的な観点から解明しようという試みは多くはなく、またそういう観点についても十分の理解が得られなかった時代でした。しかし、この書の序にあるように、武内義範先生は、田邊元先生の導きにしたがって、『教行信証』が「信仰と思索との美事に調和した、稀有の宗教哲学書」であるとする見地から、とくに「方便化《ほうべんけ》身土《しんど》巻《かん》」を中心として、すぐれた研究を展開されました。そのことは、親鸞の思想を、単に日本の優れた仏教思想としてみるだけではなく、世界の宗教思想の中に位置づけ、その普遍性を明らかにしようとするものとして、画期的な意味をもつものであったと申せましょう。

先生のこの書における『教行信証』理解の基本的態度は、哲学的解明ということでありますが、それは、先生のお言葉によれば、「日本宗教精神史の一つの最高峰であるこの『教行信証』を、東西両思想の総合を意図する日本哲学の現段階から、その重大な使命と固く結びつけられた仕方で、解明していく」ということを意味するものでした。

そのために先生は、まず『教行信証』の第六巻「方便化身土巻」を取り上げられ、その組織構造を明らかにしようと試みられます。そこで、この巻がヘーゲルの『精神現象学』(意識が直接的感覚的確実性から絶対知に至る矛盾と超克の弁証法的必然的向上の全過程の叙述)に似た構造を持つことに着目され、とくに「三願転入《さんがんてんにゅう》」としてあげられている第十九・第二十・第十八願に対応する宗教的精神の段階を、宗教的精神の三つの類型的現象形態として、倫理的観想的段階・内在的宗教の段階・超越的宗教の段階として把握し、その向上の過程として叙述されている「三願転入」を、『教行信証』全体を貫く論理を示す「三願転入の論理」として解明しようとされたのであります。

またそれとともに、「三願転入」の自覚の成立する超越的根拠としての正像末史観《しょうぞうまっしかん》をとりあげ、「三願転入」と「正像末史観」とが交互媒介的循環の関係にあることを明らかにし、そこにヘーゲルの合理主義的楽観的史観と親鸞の終末的悲観的史観の相違をも問題にされています。

そういう問題の展望の下に、まず「三願転入」をめぐって、第十九・第二十・第十八願のそれぞれの段階の従来の解釈について、その難点が指摘され、そこから、とくに第二十願の段階と第十八願の段階とが、宗教的精神の本質的な自覚の両契機であるとして、その表裏相即の自覚が体験の事実であることが論じられます。それは同時に、親鸞聖人の「三願転入」の時期を、第十九願の段階が吉水入室以前、第二十願の段階をそれ以後、第十八願の段階を関東時代とする理解に結びついています。

そうした三願の段階の把握の後に、あらためて、まず第十九願の段階の精神の特色が詳しく解明されます。そこで問題になることは、至《し》心《しん》・発願《ほつがん》・欲生《よくしょう》の三心であり、その三心について、顕彰《けんしょう》隠密《おんみつ》という解釈の手続きの意味が検討され、それを通して観想・道徳の段階から罪の意識に至ることがあきらかにされ、そこから第二十願の段階への転入が論じられます。

次に第二十願の段階の精神の本質が解明されます。そこでは、遭遇・決断・他力といった概念をてがかりとして、その内容が検討されますが、とくに宗教的決断ということをめぐって、それを呼応的決断として、単なる汝と我との遭遇としてではなく、二つの深淵が響きあい接触することと見るところに、先生の独自な理解が見られます。しかも、この宗教的決断の自覚としては、第二十願の宗教的精神も第十八願の精神と同一であり、ただ下意識のうちに第十九願的な自力主義の残滓をとどめている点が第十八願の精神と異なっているにすぎないとされます。そこに武内先生の「三願転入」の理解、さらには第十八願の段階として理解される親鸞の宗教的生の理解の根本的な特色があると言えましょう。

以上、『教行信証の哲学』の内容を概観しましたが、先生がこの書でお考えのことは、後に、理解が一層容易な形で述べられています。この書の趣旨を明らかにするために、それを次に紹介したいと思います。それは、昭和四十九年（一九七四）に刊行された『日本仏教――この人と思想』（朝日新聞社刊）に収録された「親鸞」という文章（『武内義範著作集』第五巻所収）で、そこにはこのように記されています。

「親鸞の考えでは、宗教的な意識は第十九願から第二十願に移り、第二十願から第十八願に移って、三つの段階を終えてはじめてほんとうの宗教的な精神になるというのです。つまり弥陀の四十八願のうちの第十九願で誓われているような種類に応ずるような人間は、浄土としては化身土に生まれるべき人間である。そうしてまた第二十願の人も化身土に生まれることになる。しかしこの化身土で、さらに純粋でない宗教的自覚を悔い改めると、真の報土に転入することになる。そこは本来は、第十八願というものに対応する、純粋な信仰の主体が往生する真実の浄土である。……

報化《ほうけ》二土《にど》の関連は、浄土の在り方として、浄土の一種の周辺のような化身土と、それからほんとうの浄土である、センターである報土というものとの関係である。一般にはこう考えるわけですが、親鸞は現実的な宗教意識の転化だというふうに考えたわけです。第十九願的な宗教意識から第二十願的な宗教意識を経て第十八願的な宗教意識に、いかにしてたどってゆくかということを彼は三願転入という形で、現実的意識の過程として捉えました。報土と化土の問題というふうに恵心僧都以来教えられていた問題を、親鸞はそれを自分自身の自覚の展開の問題であると考えました。第十九願的な自分の宗教的意識は第二十願的な意識に転じ、第二十願的な意識は第十八願に転ずることによってほんとうの宗教的自覚、親鸞の考えている浄土宗の真の教え（浄土真宗というのはそういう意味であります）、そういうものに至るのだと彼は考えております。

その第十九願から第二十願に行き、第二十願から第十八願に移ってゆくという三願転入のうちの第十九願と第二十願の部分を中心に論じたのが、『教行信証』の最後にあります「方便化身土巻」であります。ですから『教行信証』は二つに分けられて、一方は「浄土真実の教行信証」という形で論じられている部分、他方は「方便化身土」という形で論じられている部分とになります。……

そうしますと、「方便化身土巻」というのは第十九願から第二十願に移り、第二十願から第十八願にいかにして移っていったかという形で、親鸞自身の宗教的発展を、自分の履歴を普遍化して論じたものと言うことができます。」

武内義範先生が「三願転入の論理」として考えていらっしゃったことがどういう意味であったかということは、以上の引用で明らかになったと思います。

さらに先生は、この「三願転入」ということがヘーゲルの『精神現象学』的構造をもつということについて、このように述べておられます。

「ヘーゲルのやり方と、親鸞の第十九願から第二十願、第十八願という三願転入という意識の分析の仕方は非常に類似しています。その点でたいへんモダンな、すこぶる精神現象学的な立場に立っていると言うことができます。……

それで第十九願の在り方から第二十願の在り方へ、第二十願の在り方から第十八願の在り方へというふうに移る意識の発展は、第十九願の意識自体が、宗教的意識の最初の段階として自覚しているそのままの構造が次第に深められてゆくこと——それのもっていた真理への自負と努力精進が、経験の中で蹉跌するとか、あるいはいっそう高いところから見れば、はじめからもっていた自己矛盾というものが、経験のある時期から意識自体にも明白になることによって、この矛盾を超えた、いっそう新しい段階に高められ深められてゆくときの意識の形態の段階的発展となります。第十八願の方から廻光返照された光と、第十九願の意識自体がもっている内在の光、そういうものを交錯させながら親鸞は三願転入というものを考えております。その考え方はたいへん近代的といいますか、現代的なような、そういう意識の分析になっております。」

また第二十願と第十八願との関係を巡って展開される武内義範先生のユニークな理解は、親鸞の宗教的生についての独自な理解に基づいておりまして、それについてはこのように述べておられます。

「親鸞の場合に非常にむつかしいのは、親鸞は二十九歳のときにいっさいの雑行を捨てて念仏に帰した。そこで親鸞はほんとうの他力の信仰を得たというふうに言っていますのと、それからこの夢（『恵信尼消息』に記された寛喜三年の夢）の物語のように、六十歳近くになるまで自分のうちに自力の心が取れなかったと言っています親鸞と、この二つがあることであります。この二つは矛盾していますが、実は両方とも正しいのです。といいますのは、自力の心といいますのは、実はほんとうに自分が全存在をかけて名号と出会って、名号というものを自分の生命としたときにはじめて自分の心の奥底から起こってくる他力に対する反動のようなものだというふうに私は考えたいと思いますから。」

第二十願や第十八願の立場を固定的に捉えないで、そのダイナミックな意味を見いだそうとされる先生の考えは、諸宗教についての該博な知識に基づいた宗教的生の在り方の理解を背景としていることが窺われます。

日本浄土教の展開の中で生まれた親鸞の『教行信証』という書物に表現される固有の思想を、普遍的な宗教哲学の問題として位置づけるとともに、現代の宗教学の展開をふまえて、その現代的な意味を探ろうとされる武内義範先生の試みは、グローバルな現代の思想的状況の中で、大きな意味を持つであろうと考えられます。

二、「教行信証における教の概念」第一章序説（『武内義範著作集』第一巻所収）について

『教行信証の哲学』は、昭和十六年に単行本として刊行されましたが、武内先生は、引き続いて、昭和十八・十九年に、京都大学哲学科の研究雑誌『哲學研究』に「教行信証における教の概念」という論文を発表され、そこであらためて「『教行信証』の論理」というテーマで、その哲学的解明の意味を論じておられます。その論旨は、今日真宗教学を考える上で、大きな示唆をあたえるものと思われるので、それについて次に触れてみたいと思います。

最初に先生が問題にされることは、『教行信証』の論理ということを考えることは、浄

土真宗の信心が知識を否定するところに成立すると見る人々にとっては、避けるべきことではないかとする疑問についてです。それについて、先生は、法然上人や親鸞聖人が「愚者になる」ということをおっしゃる場合、それは「愚者である」ということと同じではないことを指摘されます。

「愚者になる」ということは、人間に本来的な有限性の自覚を、あくまでも自己一人のこととして実存的に、しかも普遍妥当的な問題として、超越者との関係において、知識の立場を（否定的に）媒介として、把握することであり、その意味で形而上学の根本問題であるとされます。

ひるがえって『教行信証』の研究の現状を見るとき、従来の綿密な研究によって、この書の問題の注解や分析はほとんど余蘊なき状態であるが、その体系的把握、すなわち『教行信証』の論理を明らかにしようとする試みは十分ではなく、研究の全体は統一なきものであり、断片的な論題の解明に終わっているように思われるといわれます。とくに、東西本願寺派における大きな紛争の後は、自由討究の立場は抑制され、仏教学全般との関連を考慮に容れず、ただ「別途不共」なる真宗教義の解明につとめたため、教義の根本問題は不問に付せられ、あるいは独断的に肯定され、真理の乏しい悪しき意味の神話とならざるをえず、『教行信証』の多くの註釈はこのような立場で講ぜられたとされます。そういう思考は、悟性の立場、分析論理の立場であって、そういう立場が『教行信証』の論理を解明することに程遠いことは、言を俟たないと述べておられます。そういう指摘は、真宗教学の現状についての痛烈な批判であると言えるでしょう。

武内先生は、真宗教学をこのような状況に至らしめた原因の一つは、真宗学者が信仰の立場と学の立場との媒介を十分具体的に自覚せず、それが分離していたことに基づくとされています。言い換えれば、従来の真宗学者は、『教行信証』を与えられた権威として信受し、ただ悟性的解明がゆるされる程度においてのみ自己の知性をはたらかせたために、『教行信証』を自己の内的体験において吟味し、この信仰の論理の創造的生命に触れて、親鸞聖人とともに『教行信証』を再構成しようとする大胆さがなかった、そして、その結果、真宗学が発達すればするほど、いよいよその煩瑣な学解の立場は、信の立場と離れてしまった、とされるのです。

こうした先生の真宗教学に対する批判は、鈴木大拙先生の批判（『鈴木大拙全集』第六巻「浄土系思想論」参照）と通じるものであり、真宗教学の現状とその問題点を鋭く剔抉するとともに、そのあるべき姿を指示するものとして、私どもは謙虚にそれに耳を傾けねばならないように思います。

先生はさらに、『教行信証』においては、時代精神が永遠の精神と固く結合し、両者が相互に補足し合い、その独自の深刻性と活動性とを、その実存の論理に結晶せしめているが、徳川時代近代の学僧たちには、この思想史的背景は全く看過され、まして親鸞の信仰をその時代精神と媒介することは彼等の念頭にはなかった、しかし我々は彼等と全く別個の新しい精神状況にあり、『教行信証』が新たなる時代の人生観・世界観の原理として、今日世界史的意義を担って、この時代に立ち現れつつある、と述べておられます。そして、将来の時代精神の創造的原理としての『教行信証』は、必然的にその論理（の解明）を要求しているとして、次に「三願転入と三諦円融」というテーマで、その独自の論理を追究されています。ここではその内容には立ち入りませんが、こうした先生の問題の追究のしかたに、現代における『教行信証』の研究、さらには真宗教学の課題解明に、大きな示唆が与えられているのではないでしょうか。

以上、『教行信証の哲学』と、京大哲学科の研究誌『哲學研究』に掲載された「教行信証における教の概念」第一章序説に述べられた武内先生の親鸞理解の基本的態度を見てきましたが、そこには、親鸞の宗教的生を明らかにしようとする先生の生涯にわたる渾身の努力が見られます。

先生は、親鸞の教えに深い讃仰の念を持ちつつ、その宗教的思索に今日の問題意識をもって迫ろうとされています。そのことが、現代に親鸞の教えを生かす唯一の道であると確信しておられたからです。先生の言葉は、ある場合には予言のように響き、その真意を明らかにするには、なお多くの努力と時間を必要とするかとも思われますが、おそらく考えぬかれた先生の思索は、今後の真宗教学のみならず、わが国の宗教哲学の進展に重要な意味をもち続けるでしょう。先生はこうおっしゃっています。

「我が国の宗教哲学の課題の一つは、大乗仏教・浄土真宗の思想を西洋哲学的表現によってあらわすこととも言える。そのことによって、西洋哲学の行きづまりを大乗仏教や真宗の思想によって打ち開くことを企てるとともに、逆に大乗仏教の縁起とか空とか真宗の名号の宗教的真理に新しい表現力を与え、そして東西の文化がもっと新しい領域に高まることに努めることにあります。」（「親鸞聖人の晩年の思想」『武内義範著作集』第二巻所収）

そういう意味で、先生の親鸞思想の研究は、浄土真宗にとってのみならず、わが国における仏教や宗教の研究にとって、何ものにも代え難い意義を持つものであると言ってよいでしょう。

つつまずに申しますと、私が『教行信証の哲学』を初めて手にしたのは、まだ旧制高校の学生のころでした。不遜な若者の常として、先生の親鸞理解に若干のあきたりないものを感じ、そこから自分なりの『教行信証』理解をめざしたのですが、しかし、今日、再び先生の書物を手にし、そのお考えを聞くとき、若い時の私のこの書に対する理解がいかに浅薄であったかに思い至らざるをえません。

親鸞が教えた「如来回向の信心」に基づきつつ、罪悪生死の凡夫である私どもの宗教的生が現にどうあるかを解明しようと努力しつづけられたのが、武内先生のご生涯であったと私は思います。

最後に、現代において親鸞の教えを学び、それを人々に伝えようと思う者にとって、こうした武内先生の思索が大きな支えになるであろうことを記して、私の解説を閉じたいと存じます。

〈龍谷大学名誉教授・仁愛大学学長〈二〇〇二年当時〉〉

文庫版解説

岩田　文昭

本書は、二〇〇二年一一月に法藏館から刊行された新装版『教行信証の哲学』の文庫版である。本書の成り立ちを説明しておく。もともと「三願転入に就いて」という題目で雑誌『哲學研究』二八四号（一九三九年一一月）、二九一号（一九四〇年六月）、二九七号（一九四〇年一二月）、二九八号（一九四一年一月）に論文が連載された。この論文をもとに、武内義範は、一九四一年一〇月に弘文堂から『教行信証の哲学』の題目で単著を出版した。この単著は高い評価を受け、『現代仏教名著全集』第六巻（隆文館、一九六五年）にいくつかの補註を加えた改訂版が所収された。その後、この改訂版に若干の訂正を施したものが、法藏館刊行『武内義範著作集』第一巻（一九九九年）に載録された。この載録版をもとに、石田慶和の解説をつけて法藏館から刊行されたのが新装版であり、本書はその文庫版である。

武内の略歴は次の通りである。一九一三年二月、三重県四日市市に誕生。父は高名な中国哲学者で、一九二三年に東北帝国大学法文学部に任官し教授となった武内義雄である。生家は真宗高田派の寺院で、後年、義範も住職となる。父の任官に伴い仙台に居住し、そこで小・中学校を卒業する。第二高等学校卒業後、一九三三年四月京都帝国大学文学部哲学科（哲学専攻）に入学し、同学科卒業後、大学院に進む。一九四〇年西山専門学校（現、京都西山短期大学）教授。一九四八年京都大学文学部講師（常勤）となり、助教授を経て、宗教学講座教授として一九七六年まで在職。同年定年退官し、愛知学院大学文学部宗教学教授となり一九八八年退職。一九九五年、学士院会員。二〇〇二年四月に逝去した。

本書は親鸞の思想解明を試みた最初の本格的な宗教哲学の書であり、宗教哲学の研究に大きな影響を与えてきた。たとえば、田辺元が『懺悔道としての哲学』の序で明記しているように、その執筆にあたり、本書から種々の示唆をえている。また、三木清は本書の論述を下敷きにして遺稿『親鸞』を残した。『三木清全集』二〇巻（岩波書店、二九一頁）に掲載された手紙で、「弘文堂から出た親鸞についての本」を手に入れたいと三木は出版関係者に依頼したが、三木が求めていたのはまさに本書であった。その結果、本書の論述を手掛かりに、三木は、遺稿『親鸞』で親鸞の三願転入の論理を『教行信証』全体を貫く論理として捉え、さらにその論理を拡大し、最終的に信心に立脚した「社会的生活」まで論じようと試みたのである（三木清と本書との詳しい関係については、『再考三木清――現代への問いとして』〈昭和堂、二〇一九年〉所収の拙稿「三木清の哲学と宗教」と、拙著『近代仏教と青年』〈岩波書店、二〇一四年〉第一二章を参照されたい）。

本書が宗教哲学の古典的名著になったのにはいくつかの理由があるが、以下、それを四点にまとめて説明する。第一に、当時の西洋哲学の頂点に位置するような思想を十全に活用している点である。ヘーゲルの思想を軸に、肝要な点でハイデッガーの哲学を援用し、『教行信証』の思想解明を試みている。また、アリストテレス、ベーメ、パスカル、シェリング、キェルケゴール、ヤスパースなどの思想を縦横無尽に渉猟し参照している。このことにより『教行信証』の思想を伝統的な浄土教思想の世界から、一挙に西洋哲学の知の地平上に開いた。

第二に、西洋の哲学のみならず、伝統的な仏教学・真宗学の知見を深く踏まえている点も重要である。『華厳経』や龍樹や唯識思想など通仏教の理論は無論のこと、香月院深励など伝統的な真宗教学の成果も踏まえている。そして、論の骨子にあたるところで透徹した思索を展開した曽我量深の説を援用している。本書は、西洋哲学と仏教思想の両方の深い知見を有機的に結びつけたのである。しかもたんに結びつけただけではない。ハイデッガーやヤスパースの思索の抽象性を乗り超えるものとして親鸞の思想を描いている。逆にいえば、親鸞の思想を手掛かりにして実存哲学といわれる西洋哲学の課題と可能性を示唆している。

第三に、当時の歴史学の最先端の実証的成果を踏まえている。一九二一年に発見された『恵信尼文書』など、親鸞をめぐる歴史研究の新たな動向を本書は十分に活かしている。あまり知られていない事実だが、武内は『史上の親鸞』の著者、中澤見明から実証的歴史学の薫陶を受けている。一九二二年に刊行された『史上の親鸞』は近代における合理的実証的親鸞伝の嚆矢であり、親鸞の伝記研究に史的考証を援用した研究書である。中澤は武内の叔父（父義雄の義兄）であり、親しく個人的に教示を受けた。中澤の死後、武内は遺稿集『真宗源流史論』（法藏館、一九五一年）を編集し刊行している。武内はこのような文献学を背景に、本書においては親鸞の思想を哲学的に考察したのである。

第四に本書は深い信仰世界を背景に成立している。本書冒頭の序に「親鸞の信仰に生きている、一人の師と一人の友に遇うことができた」と記されている。この「一人の師」とは、大谷派の僧、近角常観《ちかずみじょうかん》である。武内は近角の教えを熱心に聞法した。「一人の友人」とは故郷、四日市在住の和三郎老人である。この和三郎老人が武内の論じる回心論の生きた実例となっている。『教行信証の哲学』で主題的に論じることになった「三願転入」の実体験を武内は和三郎老人から聞いた。その出会いを「真宗教化の問題」（『武内義範著作集』第一巻所収）に次のように回顧している。

私〔武内〕が彼を知ったのは、この老人の七十五、六歳の頃であった。私はそのとき、二十五歳、私たちは年齢の上では五十年も隔たりがあり、彼の言ったように、全く「孫のような」私ではあったけれど、学校から出て故郷の寺院に帰った私を、彼は素朴な心からの尊敬を以て迎えてくれた。私が彼の信仰の深さを知りえた最初は、ある日彼がどこかの説教で十数年前に聴いたという三願転入のことを語ってくれたときのことだった。もちろん「三願転入」という真宗学の論題を、彼は知らなかった。しかし問題の核心を、自分の体験と説教の内容の見事な理解によって、正確に把握していた。それはちょうど同じ問題から『教行信証』の研究に入っていたばかりの私には、非常に有益な示唆となった。私たちはしばしば信仰の問題について語り合った…中略…赤熱せる〔近角〕先生の信楽の炬火は、不良導体の私の心までも、同じ高熱に燃え上がらせたごとくにも見えた。そのような感激の中に、私は和三郎老人に、近角先生が教えて下さったことを詳しく語った。私が最後に近角先生にお別れするとき、先生が「他力ですよ、他力ということを忘れてはなりません」と言われたことをこの老人に語ったとき、彼は深い感慨をこめて「そうですか、御他力ですぞ、御他力ということを忘れてはならぬと申されましたか」と言った。それから四、五日後、土砂降りの雨の日の午後、彼は小さな孫娘に手をひかれて私の所へたずねて来た。手をとって室に招じ入れると、彼はいきなり「私は長い間、聞かせていただきながら御他力ということを忘れていました。もったいないことでございます。申訳ないことでございます」とふるえる両手をついて懺悔した。とざされた両眼からは涙がぽたぽたと畳に落ちた。私は今私の目の前に起っていることが何であるかを知った。私は間もなく私の運命をも決定するであろう歴史的事件の重大ニュースをラジオで聞きながら、しかも自分自身のことと思われぬときのあの切迫した緊張感とうつろな空白感の交互に相交わるときのような心で、彼の告白をきいた。この老人の三十年の努力がついに最後の嶺をも踏み越えしめたのであった。それにしても、易行道の真宗の道がいかにやさしくてけわしいことであるか。私は深い感激と、顧みて浅薄なる自己の姿に、慚愧の面が上げられなかった。和三郎老人が、皆の人々を随喜せしめた大往生を遂げたのは、その後間もなくのことであった。

以上のような近角や和三郎老人との信仰上の交流を背景に、武内は『教行信証の哲学』を著したのである。もちろん、武内の思索は近角の説教や和三郎老人の経験に還元されるものではない。それは、哲学的思索として独自の世界を展開している。とはいえ、その思索は生きた具体的な宗教者をモデルとしており、信仰の奥深い世界を論じたのである。

本書の内容において思想上の議論を呼んだのは、第二十願と第十八願との関係である。親鸞は第十九願、第二十願、第十八願を主題とすることで、宗教的精神の段階を論じた。この段階を親鸞自身の生涯に引き寄せて解釈するときには、建仁辛酉（一二〇一年）の宗教的精神の内容が問題となる。親鸞は自分自身のことを書くことは少なかったが、『教行信証』の終わりの箇所で「建仁辛酉の暦、雑行を棄てて本願に帰す」と例外的に自己のことについて記している。この文から、一二〇一年に親鸞は第十八願の世界に転入し、その後、退転することはなかったという解釈がしばしばなされてきた。ところが、武内は第十八願への転入は、「教化活動の始まった関東時代」とみなす。この解釈のもとにあるのが、第二十願から第十八願への転入は一方向的な回心ではないという三願転入の理解である。武内は、第十八願と第二十願との関係をこう説明している。「第十八願の精神はただ一度第二十願から転入して第十八願となってしまうのではなく、第十八願は絶えず第二十願を自己疎外によって成立せしめつつ、またさらにそれを消滅契機として否定し、第十八願に転入せしめ続けねばならない」（本書六九頁）。

第十八願と第二十願との関係の問題に対して、宗教哲学の立場から本格的に向き合ったのが、本書で解説文を寄せた石田慶和である。石田はその著『信楽の論理』（法藏館、一九七〇年）で、第十八願の真実の信楽の立場から回光返照せられたものとしてのみ、第十九願と第二十願の宗教的段階は充分具体的に解明しうるとした。三願転入のあり方を第十八願の立場そのものの自覚という点を強調して論じたのである。この著作には、武内の論への批判が込められていた。批判を含んだこの著作が京都大学に博士論文として提出されたのであるが、その主査である武内は、「親鸞の宗教思想に対して新しい照明を与えることに成功している」と評価し学位論文として認めた。

他方、石田の『信楽の論理』に対して、なお考察すべき余地があると論じたのが長谷正當である。長谷は、『宗教研究』二一六号（一九七三年）に『信楽の論理』の書評を著し、主体の側の働きの意味がまだ十分に論じられていないのではないかと問いを発した。これに対して、石田は、長谷の書評を的確な論評だと認め、『信楽の論理』第二版（一九七八年）に掲載し、かつその問いに対する応答を『親鸞の思想』（法藏館、一九七八年）で展開した。このあいだ、武内自身も『親鸞と現代』（中公新書、一九七四年）を刊行するなどさらに思索を深めていった。その思索は、『武内義範著作集』全五巻（法藏館）にまとめられている。

最後に、文庫版解説者の個人的な思い出を記し、敬称もつけさせていただきたい。武内義範先生の著作をたまたま読んだ私は、石田慶和先生に勧められ、京都大学文学部の宗教学研究室に在籍することになった。そこで長谷正當先生による石田先生の著作に対する書評も読み、次第に宗教哲学の研究に触れるようになった。四〇年以上前に受けた石田先生の授業で、武内先生の論への批判をお聞きしたこともあったが、しかし、ある時期から武内先生の思索の深さを若いときには十分に捉えきっていなかったといわれるようになった。本書の石田先生の解説は、そのような自身の立場を誠実に述べている。ここには、親鸞の宗教哲学をめぐって、真剣に師と向き合い思索しつづけた弟子の姿が読み取れる。

しかしまた、武内先生も石田先生の思索を高く評価していた。武内先生は『信楽の論理』の「序」に、「この書をひもとく人は、それぞれに自分のここ・今から出発して、親鸞の宗教性の高さと広さとを体得する自己固有の魂の道を求め、やがてそれを発見するであろう。石田氏はそのためのよい同行（者）であるといっても過言ではない。この書をとくにこれから親鸞を学ぼうとする若い方々に読んでいただきたいと思う」と書かれている。この勧めは、まさに本書『教行信証の哲学』にもあてはまる。ぜひ多くの人に本書を手に取っていただき、親鸞の宗教哲学の世界に触れていただきたい。

（大阪教育大学名誉教授）

武内義範（たけうち　よしのり）
1913年三重県四日市に生まれる。46年京都帝国大学大学院文学研究科修了。京都大学文学部講師、助教授を経て、59年同大学文学部教授（宗教学講座）。マールブルク大（独）、コロンビア大（米）、ウィリアムス・カレッジ（米）の客員教授も務める。76年京都大学定年退官、同大学名誉教授。76年愛知学院大学文学部宗教学科教授。77年紫綬褒章を受ける。88年愛知学院大学を退職。91年仏教伝道協会より文化賞を受ける。95年学士院会員に推挙される。2002年没。
主な著作に『親鸞と現代』（中公新書、中央公論社、1974年）、『武内義範著作集』（法藏館、1999年）ほか。

教行信証《きょうぎょうしんしょう》の哲学《てつがく》

二〇二五年二月一五日　初版第一刷発行

著者　武内義範
発行者　西村明高
発行所　株式会社 法藏館
京都市下京区正面通烏丸東入
郵便番号　六〇〇-八一五三
電話　〇七五-三四三-〇〇三〇（編集）
〇七五-三四三-五六五六（営業）

装幀者　熊谷博人

印刷・製本　中村印刷株式会社

ISBN 978-4-8318-2688-6 C1110

法藏館文庫既刊より

価格税別

い-3-1
日本の神社と「神道」
井上寛司著

日本固有の宗教および宗教施設とされる神社と、神社祭祀・神祇信仰の問題を「神道」との関わりに視点を据えて、古代から現代までをトータルなかたちで再検討する画期的論考。

1500円

お-2-1
来迎芸術
大串純夫著

阿弥陀来迎図や六道図等の美と信仰のあり方を、浄土教美術に影響を与えた『往生要集』の思想や迎講・仏名会等の宗教行事から考証。解説＝須藤弘敏

1200円

に-1-1
仏教文化の原郷
インドからガンダーラまで
西川幸治著

伽藍、仏塔、仏像、都市、東西文化交流……近代以降、埋もれた聖跡を求めて数多行われた学術探検隊による調査の歴史をたどりつつ、仏教聖地の往事の繁栄の姿をたずねる。

1400円

と-1-2
馮道
乱世の宰相
礪波護著

五代十国時代において、五王朝、十一人の皇帝に仕え、二十年余りも宰相をつとめた希代の政治家・馮道。乱世においてベストを尽くしたその生の軌跡を鮮やかに描きあげる。

1200円

お-3-1
忘れられた仏教天文学
一九世紀の日本における仏教世界像
岡田正彦著

江戸後期から明治初、仏教僧普門円通によって体系化された仏教天文学「梵暦」。西洋天文学の手法を用い、須弥界という円盤状の世界像の実在を実証しようとした思想活動に迫る。

1300円

お-4-1

増補 **ゆるやかなカースト社会・中世日本**　大山喬平著

第一部では日本中世の農村が位置した歴史的位相を国内外の事例から解明。第二部では日本中世史研究の泰斗・戸田芳實、黒田俊雄、三浦圭一らの業績を論じた研究者必読の書。

1700円

は-2-1

古代インドの神秘思想
初期ウパニシャッドの世界　服部正明著

最高実在ブラフマンと個体の本質アートマンの一致とは何か。生の根源とは何かを洞察する古代インドの叡知、神秘思想の本質を解明する最良のインド思想入門。解説＝赤松明彦

1100円

ふ-2-1

増補 **戦国史をみる目**　藤木久志著

斬新な戦国時代像を描き、後進に多大な影響を与えた歴史家・藤木久志。その歴史観と学問・思想の精髄を明快に示す論考群を収録した好著の増補完全版。解説＝稲葉継陽

1500円

い-4-1

仏教者の戦争責任　市川白弦著

仏教者の戦争責任を粘り強く追及し続けた禅研究者・市川白弦の抵抗と挫折、煩悶と憤怒の記録。今なお多くの刺激と示唆に満ちた現代の仏法と王法考察の名著。解説＝石井公成

1300円

ほ-2-1

中世寺院の風景
中世民衆の生活と心性　細川涼一著

中世寺院を舞台に、人々は何を願いどのように生きたのか。小野小町伝説の寺、建礼門院の尼寺、法隆寺の裁判権、橋勧進等の史料に色濃く残る人々の生活・心情を解き明かす。

1300円

さ-3-2

縁起の思想　三枝充悳著

縁起とは何か、縁起の思想はいかに生まれたのか。そして誰が説いたのか。仏教史を貫く根本思想の起源と展開を探究し、その本来の姿を浮き彫りにする。解説＝一色大悟

1400円

さ-5-2

死者の結婚
慰霊のフォークロア

櫻井義秀著

人間社会は結婚をどのようなものとして考え、儀礼化してきたのか。東アジアの死者に対する結婚儀礼の種々の類型を事例に、その社会構造や文化動態の観点から考察する。

1300円

ほ-3-1

ラクダの文化誌
アラブ家畜文化考

堀内勝著

アラブ遊牧民はラクダをどう扱い、共に生きてきたのか。砂漠の民が使うラクダに関する様々な言葉、伝説や文献等の資料、現地調査から、ラクダとアラブ文化の実態を描き出す。

1850円

か-7-1

中世文芸の地方史

川添昭二著

中世九州を素材に地方文芸の展開を中央との政治関係に即して解読。中世文芸を史学の俎上に載せ、政治・宗教・文芸が一体をなす中世社会の様相を明らかにする。解説＝佐伯弘次

1700円

さ-1-2

陰陽道の神々 決定版

斎藤英喜著

泰山府君、牛頭天王、金神、八王子、大将軍、盤古大王、土公神など、冥界や疫病、暦や方位などに関わる陰陽道の神々。忘れられてきたもう一つの「日本」の神々を論じる書。

1500円

お-5-1

涅槃経入門

横超慧日著

釈尊最期の教えを伝える『涅槃経』の成立過程や思想内容をわかりやすく解説した好著。日本の仏教にも多大なる影響を与えた『涅槃経』の真髄とは何か。解説＝下田正弘

1200円

に-2-1

仏教について

西谷啓治著

宗教哲学的思索の土台の上、広く深い視界から現代世界において仏教が抱える問題をやさしい言葉で丁寧にわかりやすく語る。七〇歳代の西谷が語った講演の記録。解説＝氣多雅子

1200円

ま-2-1
法城を護る人々（上）
松岡讓著

雪国の寺院生まれの主人公・宮城は僧侶になることに抗い父と対立する――。痛烈な教団批判と煩悶青年の葛藤を息づまる迫力で描く自伝的小説、待望の復刊。解説＝野尻はるひ

2000円

ま-2-2
法城を護る人々（中）
松岡讓著

東京の帝大に進学した主人公・宮城の心は様々な宗教者が戦わす法論に接しながら揺れ動くも、心を満足させてくれる宗教者には出会えず――。解説＝真継伸彦・大澤絢子

2000円

ま-2-3
法城を護る人々（下）
松岡讓著

大御遠忌のために京都に行った主人公・宮城は、「封建時代の遺物たるお祭騒ぎ」を前に、真宗寺院とそれに付随する一切を徹底的に批判するが、やがて――。解説＝半藤末利子

2000円

あ-3-1
仏教と陽明学
荒木見悟著

諸思想が交錯する明代の思潮を解きほぐし、陽明学とは何かを闡明するとともに、高僧たちの個性的な思想を活写して明末仏教思潮を浮き彫りにする。解説＝三浦秀一

1100円

い-1-2
浄土教の展開
石田瑞麿著

インド・中国の浄土教を概観した上で、日本における浄土教の展開を、教理的観点から分析するとともに、社会一般の情勢とも関連づけて評価した恰好の概説書。解説＝梯　信暁

1500円

か-8-1
法華とは何か
『法華遊意』を読む
菅野博史著

吉蔵の『法華遊意』は、自身の法華経研究の精髄を簡潔に整理した綱要書。本書はその全文講読。現代語訳を段落ごとに掲げ、訓読文と注を付すとともに、明解な本文解説を施す。

1800円

た-9-1

近世日本の国家権力と宗教

高埜利彦著

圧倒的な国家権力はいかに形成されたのか。近世の歴史を描くうえで、今や欠かすことのできない、天皇・朝廷、神道・修験道・陰陽道などの研究に先鞭を付けた画期的論考。

1600円

た-10-1

教行信証の哲学

武内義範著

親鸞の主著『教行信証』をヘーゲルなど西洋哲学の知識を駆使して初めて哲学的に読み解き、親鸞思想を「哲学」として知らしめた宗教哲学の名著。解説＝石田慶和・岩田文昭

1100円

み-4-1

実学思想の系譜

源了圓著

幕末志士らの行動の源泉ともなった実学思想の江戸中期から明治中期に及ぶ展開を辿り、維新遂行や迅速な近代化の遠因を鮮やかに解き明かした思想史学の名著。解説＝大川　真

1400円

わ-2-1

マヌ法典

ヒンドゥー教世界の原型

渡瀬信之著

信仰と生活実践が不可分であるヒンドゥー教。今日も社会体制や人々の価値観と生活の深層部に影響を与えるヒンドゥー教世界の原型たる『マヌ法典』を、わかりやすく紹介。

1100円